大学入試

小論文をひとつひとつわかりやすく。

Gakken

はじめに

全国の受験生の皆さん、こんにちは！
さっそくですが、「小論文」って、なんで難しく思えるんでしょう？

それはおそらく、

・英語や数学などの科目……「答え」はひとつしかない＝「正解」が存在する
↕
・小　論　文……「答え」はひとつではない＝「正解」は存在しない

というところからきているのだと思います。英語や数学では、文法や単語、公式や定理を理解して勉強を進めていけば、ひとつの答え、つまり正解が出せるようになります。一方で、小論文はそういうイメージが持ちにくいですよね。

この本を書くにあたって最も強く意識したのは、そういった、受験生の皆さんの小論文に対する悩みを解決するお手伝いをしたい、ということでした。

そこでこの本では、与えられた設問から、
・どのようにアタマを働かせれば、論ずる価値のある内容が見つけられるか
・どの部分にどういう内容を書けば、内容の濃く評価の高い答案になるか
といった、「合格答案作成のための発想のコツ」を、いくつかのステップに分けながら、詳しく丁寧に解説しました。

著者として、**この本１冊で小論文の初心者〜中級者が合格答案作成に必要な「アタマの働かせ方」をすべて学べる**よう、予備校講師としての僕の知識や経験のすべてを動員して、単元の配列や練習問題を選定しました。

この本を手にした皆さんはいま、合格に向けての道のスタートラインに立ちました。

皆さんが合格へ向かってこれから歩いていく道に、光《ひかり》あらんことを希《こいねが》います！

伊藤博貴

もくじ

この本の使い方

- １回分の学習は１見開き（２ページ）です。毎日少しずつ学習を進めましょう。
- 数回に一度、これまでに学習した内容を確認するための「復習問題」があります。
- 巻末には、入試レベルの問題を掲載しています。力だめししてみましょう。

制作スタッフ

ブックデザイン　山口秀昭［StudioFlavor］
カバーイラスト　坂木浩子
本文イラスト　斉藤明子
編集協力　群企画
校正　Ken編集工房
竹内公一
データ作成　株式会社　四国写研
印刷所　大日本印刷株式会社

小論文学習の前に

小論文学習をはじめる前に受験小論文への誤解をなくし、学習の正しい第一歩を踏みだしましょう。

小論文と感想文の違い

小論文の学習をはじめたばかりの受験生の皆さんは、よくこんな言葉を口にします。

――「小論文って、自分の意見を書けばいいんでしょ？」

――「身近なことを書いたら感想文になるけど、社会的なことや高度なテーマを論じたら小論文になるんでしょ？」

これらは、大きな間違いです。小論文は、**自分の意見や考えを書きさえすれば評価してもらえるわけではありません。また、難しそうなことについて書けば小論文になるわけでもない**のです。逆に言えば、身近なことを書いても立派に小論文になることもあるし、高度なことを論じても感想文（あるいは、ただの作文）と評価されてしまうこともあるのです。

では、小論文と感想文の違いはどこにあるのでしょうか？　それを考える前に少し寄り道をして、「小論文」という言葉の表す意味について確認しておきましょう。

小論文という言葉を、その成り立ちから「小」と「論文」に分けて考えると、次のようにまとめることができます。

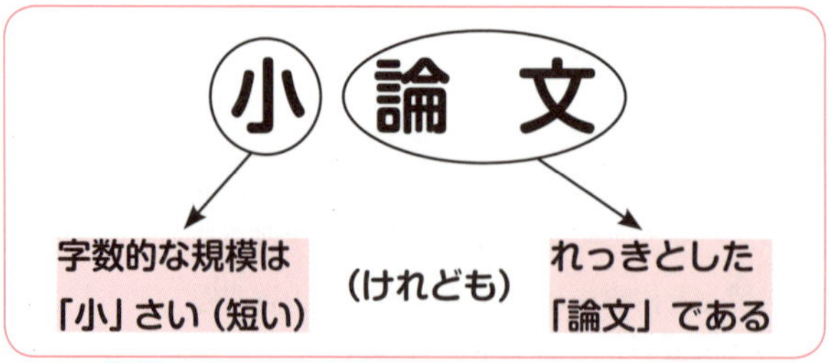

ここから、**小論文とは、「字数の短い論文」である**ということがわかります。

さて、これで話を進めていく準備が整いました。小論文と感想文の違いを理解するには、要するに「**論文にはあって、感想文にはない性質・特徴**」について考えてみればよいわけです。それはいったい何でしょうか？

その答えは……ズバリ「**説得力**」です。つまり、感想文とは説得力がない（説得力の弱い）文章であり、論文とは説得力のある（説得力の強い）文章である、ということになります。

「説得力のある文章なんて、自分に本当に書けるのかな…」と思っている皆さん、心配はいりません。受験小論文における説得力とは、受験生である皆さんが大学側の採点者を論破することではありません。「この受験生の答案はきちんと筋が通っていて、言いたいことが十分に納得できるものだ」と大学側の採点者に評価してもらえれば、それで十分なのです。

ということで、これから小論文の学習をスタートする皆さんにとっては、

小論文学習の最終目標 ＝ **受験当日、解答用紙の上に、《説得力の高い文章》を作成すること**

ということになります。この本の中でも様々なことを学んでいきますが、それらはすべて、この「説得力の高い文章（＝合格レベルの小論文答案）を作成できるようになる」という最終目標を実現させるための学習ということになります。

小論文学習の3ポイント

次に、これから小論文学習を進めていく上でのポイントを確認しましょう。

説得力の高い文章 ＝ **合格レベルの小論文答案** ＝ **論文にふさわしい**
- ● **表記**
- ● **構成**
- ● **内容**

を持った文章

というかたちで、**表記・構成・内容の３点が学習上のポイント**となります。

実は、**この３点は小論文の採点基準とも一致する**ものなのです。このポイントのそれぞれについてしっかりと理解を深めながら、**合格レベルの答案作成**という最終目標に向かって学習を進めていきましょう！

「表記面」で学ぶべきこと

POINT
・意味の明確な文が書けているか　・誤字脱字はないか
・用語の選択は適切か　・原稿用紙の正しい使い方に従っているか　など

小論文は大学入試の試験科目ですから、高校生までの学習をふまえて、**日本語として誤りのない文**を書かなければいけません。小論文が論文であるからには、**論文にふさわしい言葉づかい**をする必要があります。また、受験小論文では、答案の字数を明確にするためマス目形式の解答用紙を用いることがふつうですから、**原稿用紙の正しい使い方**に従って書かなければなりません。これらが、表記の面から注意すべきことになります。

「構成面」で学ぶべきこと

POINT
・段落の数は適切か　・段落分けは適切か
・論文にふさわしい文章構成（【序論】・【本論】・【結論】の３部構成）になっているか　など

論文は、文学的な文章ではないので「起承転結」や「序破急」といった構成は用いず、**「序論→本論→結論」という「３部構成」の展開**で書きます。どのようなテーマで何文字の答案を書くにせよ、

・【序論】…答案の方向性を明らかにする
・【本論】…結論で述べる主張の根拠を示す
・【結論】…設問の求めに応じた自分の主張を述べる

というのが、それぞれの部分の基本的な役割になります。「答案の方向性を明らかにするため、【序論】の段落内をどう展開すればよいか？」といったことについては、この本の中であとから詳しく学んでいきます。

600 字程度の字数であればそれぞれを１段落ずつ、合計３段落で書けばよいのですが、字数が長くなった場合は全体を４段落以上にしてもかまいません。ただし、あまりにも段落数が多くなるのは不適切です。

・極端に長い（短い）字数の段落は設けない
・段落数のめやす＝（制限字数÷ 200）

と考え、**全体が４段落以上になるときは【本論】を複数に分割する**ようにしましょう。これは、【序論】や【結論】を分割してはいけない、ということでもあるので注意しましょう。

「内容面」で学ぶべきこと

POINT
- **3部構成のそれぞれの部分に適切な内容を示せているか**
- **設問の要求に応えたなかみの濃い主張を示せているか**
- **主張に対してきちんと根拠を明らかにできているか（主張と根拠は対応するか）など**

答案を採点（評価）する上で、最も大きなウェイトを占めるのが内容面の部分になります。3部構成の展開で書くのはどのようなテーマのときでも共通ですが、

・出題の形式（題名だけか、資料が与えられるか）

・テーマに何を選び、主張に何を述べるか

といった、出題形式や論ずる内容によって答案作成までの道のりは変わってくるのです。

小論文の出題の分類について

小論文学習のスタート段階では、大まかに次のような分類を考えておけばよいでしょう。

かたち（出題形式上）の分類
- **題名だけが与えられるもの**
- **資料（文章、図表など）が与えられるもの**

なかみ（論ずる内容上）の分類
- **「自分」について論ずるもの**
- **「社会」について論ずるもの**

出題形式や論ずる内容によって答案作成までの道のりは変わってくるとはいえ、実際には、いくつかの代表的な展開パターンを習得し、そのうちのどれかを利用して書くことでほぼすべての入試問題は攻略可能です。この点についても、この本の中であとから詳しく学ぶことができますので安心してください。

なお、大学によって制限字数やその指定の仕方にも違いがありますので、あわせておさえておきましょう。

〈字数指定〉		〈解答字数の許容範囲〉
・「○○字以内」	→	指定字数の80%以上は埋める
・「○○字～△△字」	→	指定字数の範囲内におさめる
・「○○字前後（程度）」	→	指定字数の±10%の範囲におさめる

次の単元から、いよいよ合格答案作成の道のりがはじまります！　しっかり頑張りましょう！

01 第１章　意味の明確な文を書く
主語―述語をきちんと対応させるには？

「文章」の完成度の高さのはじまりは、一つひとつの「文」から

小論文という「文章」で自分の言いたいことが誤解なく読み手に伝わるためには、まず文章を細かく分けたパーツである「文」に注目して、「意味の明確な文を書けるようになる」ことが大切です。

意味が明確でわかりやすい文を書く → 段落全体の意味がはっきりする → 文章全体で言いたいことがはっきり採点者に伝わる

主語と述語をきちんと対応させる

「花が―咲く」「彼女は―美しい」のように、日本語の文を構成するパーツの中で、「誰・何が（は）」にあたる部分を〈主語〉、「どうする・どんなだ・何だ」にあたる部分を〈述語〉と言います。意味の明確な文を書くためには、主語と述語をきちんと対応させることが必要です。

主語と述語をきちんと対応させるためには
- １つの文をあまり長くしすぎない
- 主語―述語の距離を遠くしすぎない
- １つの文にあまり多くの主語―述語のペアを入れすぎない

主語―述語の対応のNGパターン

× 主語と述語が意味の上でつながらない

祖父母の習慣は、早朝から町内をウォーキングしている。

「習慣」が「ウォーキング」するわけではない！

○ 祖父母の習慣は、早朝から町内をウォーキングすることだ。

× 主語と述語が同じ内容の繰り返しになっている

この電車の停車駅は、□□駅、△△駅、◇◇駅に停まります。

停車駅＝停まる駅　だよね？

○ この電車の停車駅は、□□駅、△△駅、◇◇駅です。

○ この電車は、□□駅、△△駅、◇◇駅に停まります。

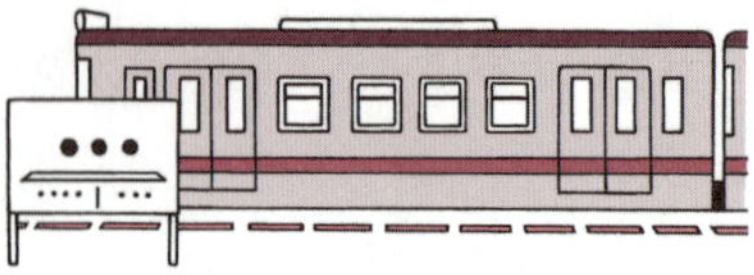

× 主語と述語のペアが成立していない

私は、地球温暖化対策に向けて、世界各国が利害を超えた話し合いをすべきだ。

対応する述語は？　　こちらはOK！

○ 私は、地球温暖化対策に向けて、世界各国が利害を超えた話し合いをすべきだと考える。

○ 地球温暖化対策に向けて、世界各国が利害を超えた話し合いをすべきだ。

→※小論文の答案では「自分の考えたこと」であることが意味上明らかである場合は「私は」という主語は書かなくてもかまいません。

基本練習

答えは別冊2ページ

次の文について、①〜③は下線部を、④は全体を、意味が明確になるよう書き改めてみよう。

①私は教育学部に進学し、将来は小学校の教師になりたいと考えている。私の理想とする教師像は、いつも子どもたちの親身になって話を聞いてあげたい。

［いつも子どもたちの親身になって話しを聞いてあげられるような人だ。］

ヒント 「主語と述語が意味の上でつながらない」パターン。

②通学定期券の有効期限は、３月末日まで使うことができる。

［3月末日までだ。］

ヒント 「主語と述語が同じ内容の繰り返しになっている」パターン。

③私は中高６年間、剣道部に所属していた。そこで学んだことは、顧問の先生はつねづね「武道は礼に始まり礼に終わる」と言っていた。

［顧問の先生が常々言っていた、「武道は礼に始まり礼に終わる」ということだ。］

ヒント 「主語と述語のペアが成立していない」パターン。

④児童虐待の分類には身体的虐待・心理的虐待・性的虐待・ネグレクトの４つで、新聞やテレビなどでたびたび報道されている。

［児童虐待の分類には、身体的虐待・心理的虐待・性的虐待・ネグレクトの4つがあり、それらは、新聞やテレビなどでたびたび報道されている。］

※ここはノーヒントでチャレンジしてみよう。

02 修飾語のかかり受けって？

主語―述語よりも大切な、修飾語の「かかり受け」

ある言葉の意味をより詳しく説明するために付け足された内容を、文法的には「修飾語」と呼びます。たとえば「花が咲く。」という主語―述語の構造に情報を付け足して「きれいな花がたくさん咲く。」と述べた場合、「きれいな」は「花」を、「たくさん」は「咲く」を、それぞれ修飾していることになり、このような関係を修飾語の「かかり受け」と呼びます。

意味が明確でわかりやすい文を書くためには、読み手によって文の意味の解釈が異なってしまうことのないよう、修飾語の「かかり受け」にも気をつける必要があります。

読み手によって文の意味の受け取り方に差が出ないよう気をつける

× ピカピカに磨かれた白いテーブルの上に置かれた食器。

この文は「テーブルの色」「テーブルの状態」「食器の色」「食器の状態」について、何通りもの解釈ができてしまいます。ですから、意味が明確でわかりやすい文、つまり自分が表したい意味が誤解なく読み手に伝わる文になるよう書き換えなくてはなりません。

書き換え① 【テーブルの色＝白、テーブルの状態＝ピカピカ】と表したい

ピカピカに磨かれた
白い
→ テーブル　の　上に置かれた → 食器

（修正例）○ ピカピカに磨かれた白いテーブルの、上に置かれた食器。

書き換え② 【テーブルの色＝白、食器の状態＝ピカピカ】と表したい

ピカピカに磨かれた
白いテーブルの上に置かれた
→ 食器

（修正例）○ 白いテーブルの上に置かれた、ピカピカに磨かれた食器。

書き換え③ 【食器の色＝白、食器の状態＝ピカピカ】と表したい

ピカピカに磨かれた白い
テーブルの上に置かれた
→ 食器

（修正例）○ テーブルの上に置かれた、ピカピカに磨かれた白い食器。

基本練習

答えは別冊2ページ

次の文を、《　》内の指示に従って意味が明確になるよう書き改めてみよう。

①１週間前に友人から借りた本を紛失したことに気づいた。

（1）《「借りたのが１週間前である」ことが明確になるように》

［　　　　　　　　　　　　　　　　　　］

（2）《「紛失したのが１週間前である」ことが明確になるように》

［　　　　　　　　　　　　　　　　　　］

（3）《「気づいたのが１週間前である」ことが明確になるように》

［　　　　　　　　　　　　　　　　　　］

②青い罫線《けいせん》の引かれた紙に書く。

《「紙の色が青である」ことが明確になるように》

［　　　　　　　　　　　　　　　　　　］

③交差点で自転車と車の衝突事故があり、負傷した自転車の少年と車の運転手が一緒に来院した。

《下線部を「負傷したのは少年だけである」ことが明確になるように》

［　　　　　　　　　　　　　　　　　　］

03 第1章　意味の明確な文を書く
読点を正しく用いるには？

1つの文の中での意味の切れ目を明確にする

日本語の文章中で用いる記号の中で最も代表的なものは、句読点《くとうてん》（句点《くてん》＝。　読点《とうてん》＝、）です。1つの文の中での意味の切れ目を明確にするためには、読点をきちんと用いることが効果的です。また、それによって、前の単元で学んだ「修飾語のかかり受け」に関するトラブルも防ぐことができます。

読点の打ち方のNGパターン

× 読点が少なすぎる・ない

私が小学生の頃入院したとき家族と離れて寂しさや不安を感じている私にやさしく接してくれた看護師の存在がいま私が将来の職として看護師を志す原点となっている。

× 読点が多すぎる

私が、小学生の頃、入院したとき、家族と離れて、寂しさや不安を感じている私に、やさしく接してくれた、看護師の存在が、いま、私が、将来の職として、看護師を志す、原点となっている。

× 読点を打つ場所が不適切

私が小学生の頃、入院したとき家族と離れて寂しさや不安を、感じている私にやさしく接してくれた看護師の、存在がいま私が将来の職として看護師を、志す原点となっている。

○ 私が小学生の頃入院したとき、家族と離れて寂しさや不安を感じている私にやさしく接してくれた看護師の存在が、いま私が将来の職として看護師を志す原点となっている。

読点は、多すぎても少なすぎても、わかりにくく読みにくい文になってしまいます。

読点を打つ場所の基準	・文頭に接続語があるとき（→接続語の後） ・主語がやや長くなったとき（→主語の後） ・修飾語の「かかり受け」が曖昧なとき（→かかり受けがはっきりするところ） ・1つの文に主語―述語の対応が複数あるとき（→その切れ目になるところ）

これらを基準とし、読点を1つの文に1～3個くらいにできると理想的です。

基本練習

答えは別冊2ページ

次の文に、《　》内の指定された数の読点を付け足して書き改めてみよう。

①姉はしっかり者だが私は幼稚園生の頃までとても甘えん坊だった。

《1つ》

[　　　　　　　　　　　　　　　　　　　　　　]

ヒント 主語－述語の切れ目に入れる。

②母は泣きながら通園バスに乗る私を見送る毎日だったという。

《1つ》

[　　　　　　　　　　　　　　　　　　　　　　]

ヒント かかり受けが明確になるところ。

③しかし小学生のときに山村留学を経験したことがその後の私を大きく変えた。

《2つ》

[　　　　　　　　　　　　　　　　　　　　　　]

ヒント 接続語の後、長い主語の後。

客観的な
立場になった
つもりで
読んでみよう

04 第1章　意味の明確な文を書く
文をうまく切ってつなげるには？

適切な長さで文を切り、文どうしのつながりを明確にする

1つの文が長くなることは、主語と述語の関係や、修飾語の「かかり受け」の関係がわかりにくくなり、文の意味が不明確になる原因となります。1文の長さは50～60字以内（長くても100字以内）を目安とし、長い文は途中で分割するようにしましょう。

文を分割したときに、文どうしのつながりを明確にするためには、指示語や接続語を上手に用いることが効果的です。

× 地球温暖化の最大の原因となるのは温室効果ガスで、温室効果ガスは人間活動の結果として発生するものであり、温室効果ガスの排出量をゼロにすることは困難だが、我々一人ひとりが日常生活の中で温室効果ガスの排出削減に努めれば、一人ひとりの行動の積み重ねが社会全体としては大きな効果につながるはずであるので、温暖化対策は政府や国際社会に任せるものだという考え方は改め、我々一人ひとりが行動を起こすことが大切である。（約200字が1つの文）

○ 地球温暖化の最大の原因となるのは温室効果ガスだ。／それは人間活動の結果として発生するものであり、その排出量をゼロにすることは困難だ。／しかし、我々一人ひとりが日常生活の中で温室効果ガスの排出削減に努めれば、その積み重ねが社会全体としては大きな効果につながるはずである。／したがって、温暖化対策は政府や国際社会に任せるものだという考え方は改め、我々一人ひとりが行動を起こすことが大切である。（4つの文に分割）

小論文の答案で用いることの多い接続語

だから・したがって・それゆえ ＝前で述べた内容から、結論やまとめを導く

しかし・ところが・だが ＝前で述べた内容を否定する、前と逆のことを述べる

そして・また・さらに・しかも ＝前の内容に並べたり付け足したりする

つまり・すなわち ＝前の内容を言い換える

要するに・このように ＝前の内容を短くまとめる

たとえば ＝具体例を挙げる

それに対して・その一方 ＝2つのことを比べる

基本練習

答えは別冊2ページ

①次の文を、指示語を用いて１文に書き改めてみよう。

（１）世代を超えた貧困の連鎖は問題だ。世代を超えた貧困の連鎖をくい止めるための積極的な施策が必要だ。

［　　　　　　　　　　　　　　　　　　　　　　　　　　　　］

（２）私は高校２年生の夏休みにオーストラリアに短期留学した。オーストラリアでは様々な経験をすることができた。

［　　　　　　　　　　　　　　　　　　　　　　　　　　　　］

②次の文の（　　）に、適切な接続語を考えて補ってみよう。

誰もが健康な子を授かりたいと思うのは当然である。（　１　）その言葉の裏側には障害のある子は産みたくないという意味もある。この考え方が、出生前診断で胎児に異常があるとわかった場合に中絶を選択させてしまうのである。母体保護法では胎児の障害を理由とした中絶は認められていない。それでも中絶を選ぼうとするのは、障害のある子は不幸であるといった親の勝手な判断である。このような親の判断が最大の問題である。（　２　）、親の判断が生まれてくるはずの子の生きる権利を侵害しているからだ。（　３　）、親がこのような考え方にならないような方策を社会全体で考えていく必要がある。

（1）=［　　　　　　］（2）=［　　　　　　］（3）=［　　　　　　］

05 第1章　小論文にふさわしい書き方
丁寧な言葉づかいは不要！

小論文は、字数こそ短いものの、れっきとした「論文」ですから、論文にふさわしい文体・用語・表現を用いて答案を書く必要があります。小論文の学習という点からは、論文に使ってはいけない文体・用語・表現に注意するとよいでしょう。

「です・ます調」は使わない

「～だ・～である・～する」などの文体を「常体」、「～です・～ます・～でした・～ました・～でしょう・～ましょう」などの文体を「敬体」と呼びます。小論文の答案では敬体は用いずに常体に統一します。

※ただし、推薦・ＡＯ入試の際の願書で「志望理由」を書く…といったときには、敬体を用いることもあります。

✕　私は、中高の６年間、バスケットボール部に所属していました。
○　私は、中高の６年間、バスケットボール部に所属していた。

敬語・敬称は使わない

常体の論文（＝小論文の答案）は、敬語や敬称は用いずに書き表します。はじめのうちは、敬語や敬称を使わずに書くと相手に失礼な気がするかもしれませんが、「論文の約束ごと」として慣れていきましょう。

✕　○○さんは、著書の中で～とおっしゃっている。
○　○○は、著書の中で～と言っている。

「人」を表すときの用語に気をつける

身内を指す表現、職業を表す用語など、人を表すときの言葉の選び方にも注意が必要です。

✕　私のお父さんは～
○　私の父は～

✕　私は将来、小学校の先生に～
○　私は将来、小学校教諭に～

✕　老人ホームのボランティアをしたとき、私が担当したおじいちゃんは～
○　老人ホームのボランティアをしたとき、私が担当した高齢の男性は～

基本練習

答えは別冊2ページ

次の文を、小論文の答案にふさわしい表現に書き改めてみよう。

①小学校の頃から、子どもの成長に関わる仕事に就きたいと思っていました。高校生のいま、それを実現するため、教育学部に進学し教師になりたいと考えています。

〔　　　　〕

ヒント　敬体を常体に改める。

②ミャンマーの民主化運動の指導的存在であるアウン・サン・スー・チー女史は、かつて来日した際、インタビューの中で「人生で大切なのは『したいこと』をするのではなく、『やるべきこと』をすること」とおっしゃっていた。

〔　　　　〕

ヒント　敬語と敬称を直す必要があるが、敬称が見つけにくいので注意しよう。

③小学生の頃、入院したときに出会った女医さんや看護師さんたちの存在が、私が医療職に興味を持つきっかけとなった。

〔　　　　〕

ヒント　人を表すときの用語に注目する。

06 くだけた言葉や会話調はダメ！

体言止めは使わない

文のおわりに体言（名詞）を置くことを「体言止め」と言います。文学的な文章では、強調などの際に表現のテクニックとして用いられることがありますが、小論文の答案は体言止めは用いずに書きます。

× 私の将来の夢、それは小学校教諭になること。
○ 私の将来の夢は、小学校教諭になることだ（である）。　→ 文末に適切な表現を付け加える

× いま社会で大きな問題となっている、児童虐待。
○ いま社会で、児童虐待が大きな問題となっている。　→ 文構造を変えて体言止めを避ける

会話調（口語表現）は使わない

小論文の答案は仲の良い友達どうしのＳＮＳのやりとりではありませんから、会話調の表現を用いるのは不適切です。

× とっても → ○ とても　　× やっぱり → ○ やはり
× 〜みたいな → ○ 〜のような　　× 〜だって → ○ 〜でさえ、〜もまた　など
× 〜だけど → ○ 〜だが、〜であるが　など
× （文頭の）なので〜 → ○ だから、したがって　など
× （文頭の）なのに〜 → ○ しかし、ところが　など

※「なので」「なのに」は、文の途中なら問題ありませんが、文の先頭に用いるのは不適切です。

会話調の表現には、ここに挙げた以外にも多くのものがありますので気をつけましょう。

ら抜き言葉は使わない

雑誌の記事や広告宣伝などでも「ら抜き」の表現を目にすることが多くなっています。日常的なくだけた表現としては認められつつあるのかもしれませんが、小論文の答案ではら抜き言葉は不適切です。

× 見れる → ○ 見られる　　× 食べれる → ○ 食べられる
× 来れる → ○ 来られる

※文法的には、五段活用・サ行変格活用の動詞には「れる」、それ以外の動詞には「られる」が接続します。

基本練習

答えは別冊3ページ

次の文を、小論文の答案にふさわしい表現に書き改めてみよう。

①最近新聞でよく報道される、高齢者の孤独死。

［　　　　　　　　　　　　　　　　　　］

ヒント 体言止めを改める。

②現在の日本社会は昔と違くて、独り暮らしの高齢者が多くいる。

［　　　　　　　　　　　　　　　　　　］

ヒント 会話調の表現を改める。

③身寄りのない高齢者が住み慣れた我が家で安心して居れるよう、政府は様々な対策を講ずる必要がある。

［　　　　　　　　　　　　　　　　　　］

ヒント ら抜き言葉を改める。

07 第1章　小論文にふさわしい書き方
漢字かひらがなか、それが問題！

漢字で書くべき語はひらがな書き・カタカナ書きにしない

誤字脱字と同様に、漢字で書くべき語をひらがな書きやカタカナ書きにしてしまうと減点対象になってしまいます。高校を卒業し、次の段階の大学へ進むための入試で課される小論文ですから、社会の中で漢字で書くことが当然の語はきちんと漢字で表記しましょう。もしも本番で漢字が思い出せないときは、他の言い方を考え、ひらがなのまま書くことは避けるようにしましょう。

× カッコいい　→　○　格好いい

× 真しに取り組む　→（真摯の「摯」が書けない！）→　○　真面目に、熱心に　など

ひらがなで書くべき語を漢字で書かない

一方で、何でもかんでも漢字で書けばよいというわけではないことにも注意しましょう。

接続語はひらがなで

× 又／従って／例えば／然し　→　○　また／したがって／たとえば／しかし

※「先生の指示に従って～」などの「従って」は「従う」という動詞なので漢字で表記します。

具体的な意味を持たない名詞（＝形式名詞）はひらがなで

× 勉学に励む事が～　→　○　勉学に励むことが～

× 今の所　→　○　今のところ

※「私の住んでいる所は」などの「所」は「場所」という具体的な意味なので漢字で表記します。

よく見かける形式名詞には「とき・こと・もの・ところ・わけ・ため・よう」などがあります。

前の語に補助的につく動詞や形容詞（＝補助動詞や補助形容詞）はひらがなで

× 試しにやって見る　→　○　試しにやってみる

※「景色を見る」などの「見る」は単独で意味をなす動詞なので漢字で表記します。

× 学校に行って来る　→　○　学校に行ってくる

× 書類を読んで貰う　→　○　書類を読んでもらう

× ～と言って居る　→　○　～と言っている

× ～して欲しい　→　○　～してほしい

基本練習

答えは別冊3ページ

①次の語を、小論文にふさわしいものに書き換えてみよう。

（1）フィットする　→［　　　　　］

（2）ゲットする　→［　　　　　］

（3）未ぞう　→［　　　　　］

（4）破たん　→［　　　　　］

（5）驚がく　→［　　　　　］

②次の文を、小論文の答案にふさわしい表現に書き改めてみよう。

（1）温室効果ガスの排出量が増大して行く現状を、放置する訳には行かない。

［　　　　　］

（2）生活習慣病と言う物は、発症してからでは無く、若い内から予防する事が必要だ。然し乍ら、其の事に気づいて居る人は少ないと言うのが問題で有る。

［　　　　　］

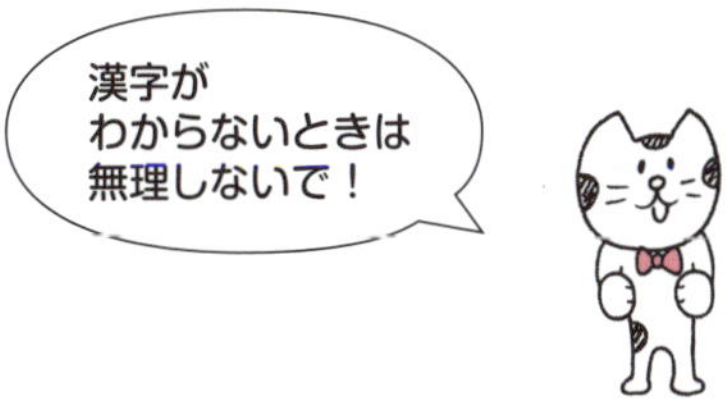

08 原則は「1マス1文字」だが、例外に注意！

受験小論文には制限字数が設けられていることから、解答用紙はマス目状になっていることが一般的です。そこで、答案を書く際には「原稿用紙の正しい使い方」に従うことが必要になります。

原稿用紙のマス目の使い方の大原則は「１マスに１文字」です。ただし、段落の先頭、行の先頭や末尾、数字やアルファベットには特別なルールが存在するので、その部分には特に注意しましょう。

書き出し・段落のはじめは1マスあける

	現	在	の	日	本	で	は	、	少	子	高	齢	化	が	問	題	…	…	…

句読点や閉じカッコは行の最初に置かない　要注意（前の行の最後の文字と同じマスに書く）

○

…	…	な	っ	た	の	で	あ	る。

×

…	…	な	っ	た	の	で	あ	る
。								

NG!

促音・拗音（小さい「っ」「ゃ」など）は、他の文字と同様に1マス使う　要注意

○

高	齢	者	や	障	害	者	と	い
っ	た	社	会	的	弱	者	に	対

×

高	齢	者	や	障	害	者	と	いっ
た	社	会	的	弱	者	に	対	し

NG!

２つめと３つめの項目は、ごちゃ混ぜになってしまう受験生が多いようです。これらをきちんと区別するためには、

行の末尾のマスには
- → 文字と記号の同居はＯＫ！
- → 文字どうしの同居はＮＧ！

と覚えておくとよいでしょう。

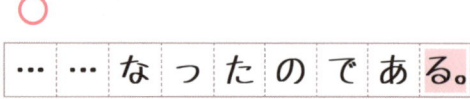

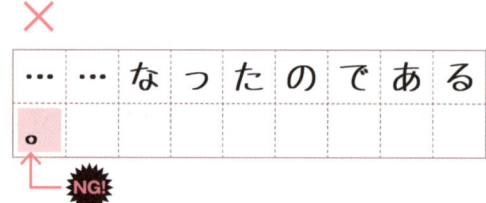

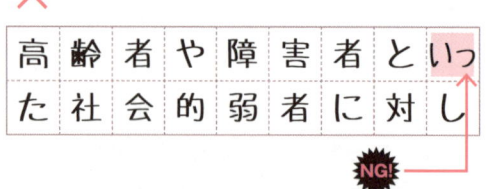

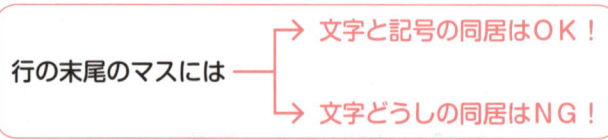

基本練習

答えは別冊4ページ

次の文章を、原稿用紙の使い方に注意しながら解答欄に横書きで書き写してみよう。

　今の私の生き方に最も影響を与えた人物は、中学校のときに生徒会の役員としてボランティア活動を行った際に、福祉施設で出会った一人の車いすの青年である。
　その青年と初めて会話したとき、彼が「世間の人達が、障害者を差別するのが許せない。」と語っていたことを私は今でもはっきりと記憶している。それが、「健常者と障害者」について考えるきっかけとなったのだ。

ヨコ

09 数字の扱い方に注意！

小論文の答案中で数字（数値）を用いる際は、縦書きと横書きで表記のルールが異なる点が多くあるので注意しましょう。

①縦書きの場合は漢数字（一、二、三…）、横書きの場合は算用数字（1、2、3…）を使う

②横書きのときは、１マスに数字２文字を入れる

③熟語や慣用句の一部分としての数字には、常に漢数字を用いる

④「百・千・万」などの語は概数を表すときに用いる

タテ

① 理由の一つとして

② 二〇一六年に

③ 一石二鳥

④ 約二千五百万人が

ヨコ

① 理由の1つとして

② 2016年に

③ 一石二鳥

「1石2鳥」と書いてはダメ！です

④ 約2千5百万人が

当然ですが「約25000000人」ではダメです！

縦書きの新聞や雑誌の文中では、右のような表記を見かけることもありますが、これはあくまでも紙面（誌面）を見やすくするために行われているものです。受験小論文では、小・中・高の学校教育の中で学んできた「原稿用紙の正しい使い方」に従うことが求められるので、このような書き方は不適切であることに注意してください。

× 2016年に

× 16年に

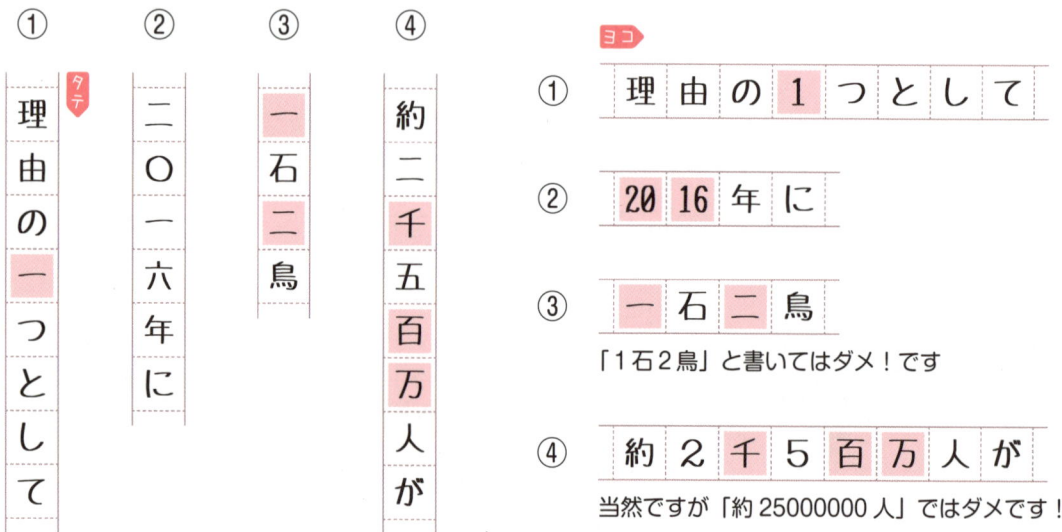

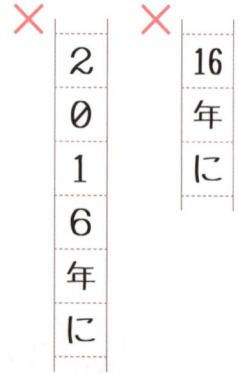

基本練習

答えは別冊4ページ

次の文章を、原稿用紙の使い方に注意しながら解答欄に横書き・縦書きの両方で書き写してみよう。

> 地球温暖化防止への国際社会の取り組みとして、1997年12月に採択された「京都議定書」がある。
> しかし、この議定書には多くの問題が存在した。

ヨコ

タテ

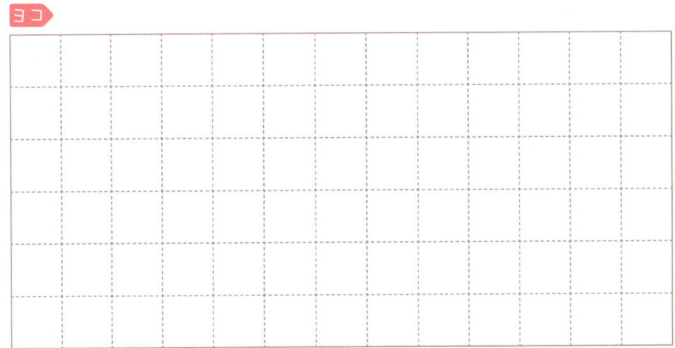

10 英単語や略語はどうするの？

数字と同様に、外国語の単語やアルファベットの略語などを答案中に用いる場合も、縦書きと横書きでそれぞれ注意すべき点があります。

①外国語のつづりなどは、常に横書きにする。大文字は1マスに1文字、小文字は1マスに2文字入れる

②略語・略称については、縦書きでも横書きでも他の文字と同じでよい

下の例でもわかるように、縦書きの文章に横書きで外国語を入れるのは書くときにとても面倒ですから、できるだけ使わないようにした方がよいでしょう。

タテ

①
economicsを経済
学と訳したのは、

②
NPOが福祉に果
たす役割としては

ヨコ

①
ec	on	om	ic	s	を	経	済
学	と	訳	し	た	の	は	、

②
N	P	O	が	福	祉	に	果
た	す	役	割	と	し	て	は

※句読点以外の記号類の用い方

・資料文の引用や会話文には「　」を用いる。

筆者は「経済再生の道標」として

・書名や、引用文中の「　」部分には、『　』を用いる。

ナイチンゲールは『看護覚え書』の中で

・語句などの補足説明には（　）を用いる。

IMF（国際通貨基金）協定によれば

・複数の語句を並列する場合は　・　を用いる。（外国人名の区切りとしても用いる）

アメリカ・イギリス・フランスの３国が

・挿入を表す ── や、省略を表す …… は、２マス分使う。

※ただし、これらの記号は小論文の答案では原則として用いません。

基本練習

答えは別冊5ページ

次の文章を、原稿用紙の使い方に注意しながら解答欄に横書き・縦書きの両方で書き写してみよう。

> 2014年の第5次IPCC報告では「人間の影響が20世紀半ば以降に観測された温暖化の支配的な（dominant）要因であった可能性が極めて高い」とされた。これは、第4次の報告と比べると、より踏み込んだ表現となっている。

ヨコ

タテ

第2章

小論文・答案作成までのフローチャート

ステップ1 論ずるテーマや論の方向性を決定する

（資料が与えられた場合のみ）
資料内容の把握・まとめ
▼
設問で示されたテーマの確認 （→p. 32～）

▼

テーマの絞り込み（実際に論ずるテーマの決定） （→p. 38）

▼

論の方向性を決定（利用する展開パターンの決定） （→p. 40）

▼

ステップ2へ

ステップ2 答案の各部に書く内容を決定する

	（全てに共通）	体験談をベースに論ずるパターン （→p. 56）	社会問題を論ずるパターン （→p. 66）	賛否をベースに論ずるパターン （→p. 76）
序論	答案の方向性を明らかにする	体験談を挙げる	現状の説明	立場の表明（設問で求められたとき） 賛成 ／ 反対
		↓	↓	↓ ／ ↓
本論	主張の根拠を示す	分析・考察を示す	問題点の究明	賛成：不足を補い、発展させた内容を示す 反対：難点を指摘し、代案を提示する
		↓	↓	
結論	設問の求めに応じた主張を述べる	まとめを示す	対策の提示	

※資料が与えられたときは、答案の冒頭で資料を簡潔にまとめて示すことを忘れずに！

小論文の答案作成はまず、大学側から与えられたテーマや資料を分析し、論ずるテーマや論の方向性を具体化することからスタートしていきます。
このステップでうまくアタマを使ってアイディアをまとめられるかどうかが、出来上がった答案の評価を大きく左右します。書いていく途中で行き詰まってしまったり、論の方向性がおかしくなってマイナス評価につながったりすることのないよう、十分に注意してください。

論ずるテーマや論の方向性が具体的に定まったら、小論文の文章構成「序論→本論→結論」の流れに合わせて、それぞれの部分にどのような内容を書くかを決定します。

小論文には、他科目のような「唯一の正解」と言えるものはありません。同じ１つのテーマに対して、様々な切り口の設定の仕方や展開の可能性があります。本番の試験では、そういった様々な可能性の中から、最もよいと思われるもの（＝高い評価が得られそうなもの）を選んで論じていくようにします。

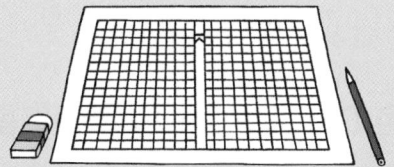

11 第2章　書く前にすべきこと
文章が与えられた場合にすべきこと

資料（文章や図表）がなく、題名だけの場合は、11〜13は必要ないので14「テーマの絞り込み」からはじめます。（→38ページへ）

POINT
文章や図表などの資料が与えられた場合は、資料の内容を整理しテーマを確認する！

「次の文章を読んで、あなたの考えたことを述べなさい」といったタイプの小論文を「課題文型」と呼びます。課題文型の小論文では、課題文の中心をきちんと捉え（＝要約し）、そこから設問のテーマを確認することが重要です。

要約のコツ①　課題文の中心内容を捉える

国語の文章を読むときと同じ要領で、文章中の大事な部分にラインを引いたりキーワードをマルで囲ったりしながら課題文の構成や展開を捉えます。そして、自分が課題文の書き手になったつもりで、「私がこの文章で最も伝えたかったことは〜」と考えてみましょう。それをふまえて、課題文で最も強く主張されている内容（＝中心内容）を短めの１文にまとめてみます。課題文中の言葉や表現を利用すると長くなりすぎてしまう場合は、必要に応じて自分の言葉で言い換えながらまとめるようにしましょう。

例１　世界各国が地球温暖化対策の足並みを揃えるために、我が国はリーダーシップを発揮すべきだ。
（これだと43字）

要約のコツ②　中心内容に関連する内容を付け足す

必要であれば、さらに中心内容に関連する内容を付け足していくと、要約の内容を充実させることができます。

例２　地球温暖化は、人類にとって非常に深刻な問題である。その対策のため、世界各国が足並みを揃えることが重要だ。我が国も、優れた環境技術を持つ国として国際的リーダーシップを発揮していくべきだ。（これだと92字）

基本練習

答えは別冊6ページ

イチローが2004年のシーズンに262安打打った後の本（『夢をつかむイチロー262のメッセージ』ぴあ）のなかに「ぼくは天才ではありません」という発言がある。「なぜかというと、ぼくは自分のヒットの理由を全部説明できるからです」と言っている。ヒットの理由を説明できる、と同時に凡打の理由も説明できる。何がどうだから、こうなった。それを全部説明できるというのは、素晴らしい認識力だ。

無意識で何事かをなしとげてしまう人ほどすごいと私たちは思うけれど、そうではなくてすべてを認識できているクリアな頭脳、それこそが本当の「天才」の条件（天才と呼ばれるのにふさわしい人間の条件）なのだ、ということを暗に言っているのだと思う。

実際に天才と呼ばれる人間を、よく調べてみたところ、通常では考えられないレベルまで意識を働かせている。意識で追求できるところはすべて意識的に行って、最後に無意識が炸裂するようなところまではっきりと追い込む。だから、自分には何かよく分からないが神が乗り移ってやってしまった、というようなことは実は少ないのである。

プロは、そういう朦朧とした意識で仕事はしていない。それが、天才といわれている人の実像だ。そうすると天才といわれている人も、卓越した行為が最初からできたわけではない。いわば上達の達人ということになる。

だから、私たちがもって生まれた才能が多いか少ないかを言う前に、上達力を身につけることができているのか、と問うことが必要なのである。それがあるかないかの方が、むしろ決定的なことだと思う。

教育というのは、まずその根源をつかんでそれを伝える。何かを通して（何を通してでもいい）それを伝える。料理が好きであれば、料理の上達を通して生徒が、たとえその生徒が料理人にならなかったとしても、どんなことに向かっても自分を高めていく一応の道筋をつけることができるとするならば、その先生は料理を通して教育をしているということになる。

（齋藤孝「教育力」岩波新書より）

①この文章の中心内容を、50字以内の1文にまとめてみよう。

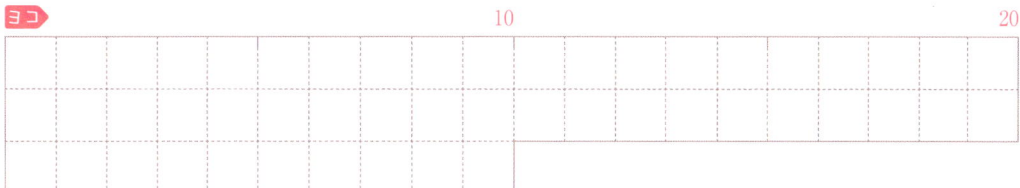

ヨコ　10　20

②①に関連する内容を付け足して、100字以内にまとめてみよう。

ヨコ　10　20

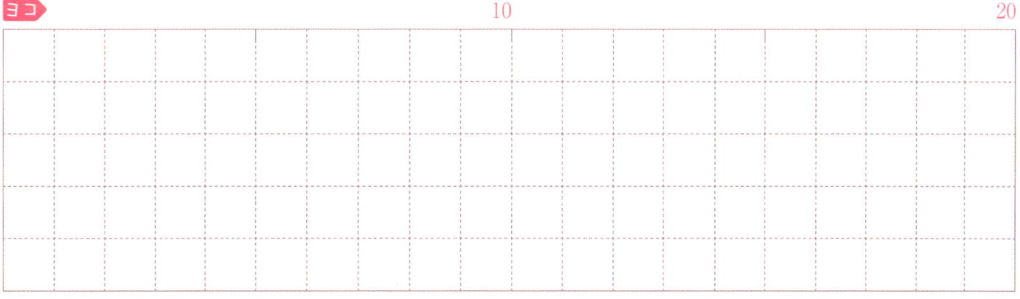

12 第2章　書く前にすべきこと
図表が与えられた場合にすべきこと

「次のグラフをもとに、あなたの考えたことを述べなさい」といった、図やグラフなどの資料が与えられるタイプの小論文を「図表型」と呼びます。課題文型のときと同様、図表型の小論文でも、与えられた図表の中心をきちんと捉え、そこから設問のテーマを確認することが重要です。

図表をまとめるためのコツ①　全体的な傾向を捉える

図表を分析するときの視点として、「広く全体を捉える」という方法があります。このときは、細かい部分にはあまりこだわらず（むしろ、細かい部分には目をつぶるつもりで）、大ざっぱに「増加・減少・横ばい」といった傾向をつかむようにするとよいでしょう。

例　児童虐待の相談対応件数は年々増加している。

場合によっては、「ゆるやかに」「急激に」といった修飾語を付け足してもＯＫです。

全国の児童相談所が対応した児童虐待相談の件数（10年度は福島県を除く集計）

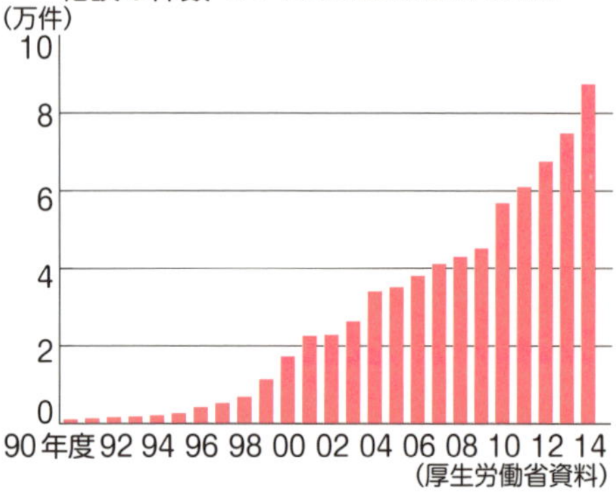

（厚生労働省資料）

図表をまとめるためのコツ②　特徴的な部分を捉える

全体的な傾向の他に、図表を分析するときの視点として「特に目立つ部分を見つける」という方法もあります。このときは、「グラフの傾きが急に変わる部分」「増加から減少に転ずる部分」「そこだけが他と比べて突出している部分」などに注目していきます。

例　我が国の自殺者数は十数年にわたって３万人を超えていたが、2010年より減少傾向になり、現在では２万５千を下回る水準になった。

年間自殺者数の推移（2015年は速報値）

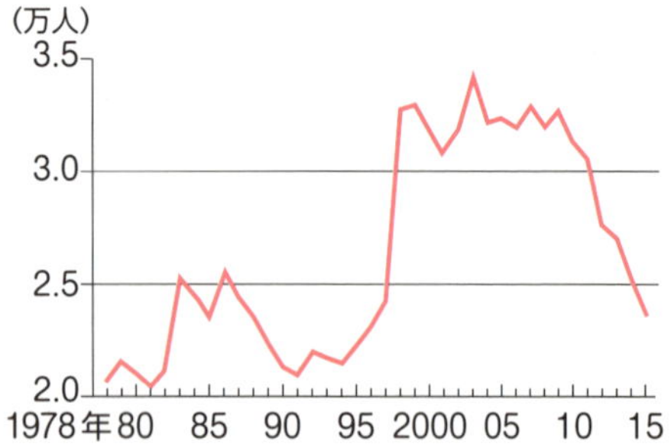

（警察庁資料）

図表をまとめるためのコツ③　「悪いところ」を見つける

小論文で与えられる図表は、今の社会の状況について何らかのメッセージを発しているものです。そこで、与えられた図表から答案中で論ずる価値のあることを発見するためには、「問題のあるところ」「改善・解決が必要なところ」といった、「悪いところ」を見つけていくことも有効です。（もちろん、「悪いところ」が見つけられないような図表もありますから、無理に探す必要はありません。）

基本練習

答えは別冊6ページ

①次のグラフを、「全体的な傾向」に注目して、30 ～ 50 字の１文にまとめてみよう。

医師・歯科医師・薬剤師調査の結果

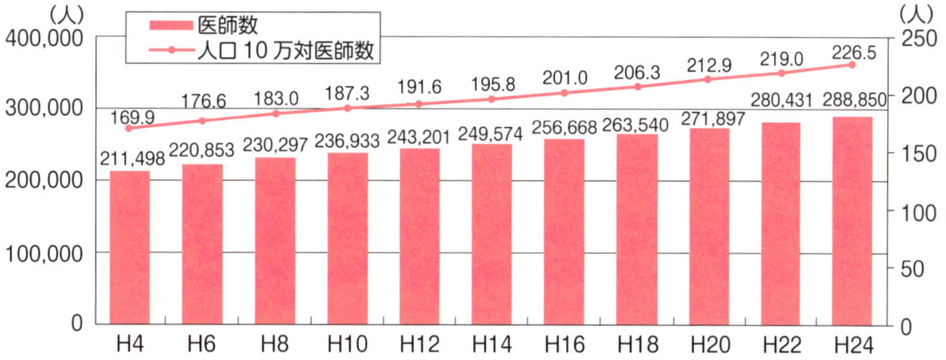

（厚生労働省資料）

ヨコ　10　20

②次の表を、「特徴的な部分」の視点から、30 ～ 50 字の１文にまとめてみよう。

最近１年間で悩んだこと　(%)

項目	男子	女子
1. みんなから好かれるのにはどうしたらいいか	15.3	27.5
2. 異性から好かれるのにはどうしたらいいか	11.2	13.5
3. 親しい友達はどうやったらできるか	17.6	31.6
4. 先生との関係で	8.0	10.7
5. 親との関係で	7.9	11.7
6. 学業成績について	38.7	39.6
7. 高校受験について	35.7	31.6
8. 将来の進路について	38.2	31.5
9. 自分の性格について	20.5	36.6
10. 身長や体重について	23.9	44.8
11. 顔など、自分の外見について	16.6	43.8

５段階評価中、上位２位までの「かなり」＋「わりと」悩んだ者の割合
（ベネッセ教育総合研究所「モノグラフ・中学生の世界」）

ヨコ　10　20

13 第2章　書く前にすべきこと
答案中での資料への触れ方

POINT
資料の内容を正しく捉えたら、
【場所】＝答案の書き出しで
【分量】＝できるだけ簡潔に（50～100字程度で）
【形式】＝自分の意見とはっきり区別して
資料の内容に触れてから、自分の考えを論じていく！

文章や図表が与えられた場合は、「資料の内容を正しく理解できているか」も採点基準になります。そこで、答案中で資料の内容に触れておく必要があるわけですが、ただ資料の内容を示せばよいわけではなく、採点者に「ここは資料をまとめた部分だな」「ここは自分の考えを述べている部分だな」とわかってもらわなくてはなりません。そのために、資料から読み取った内容と皆さん自身の考えを、読み手が誤解しないよう明確に分けて示すことが非常に大切です。

「資料の内容」と「自分の考え」は、はっきりと区別して示す

「どこまでが資料に触れている部分か」を読み手にはっきりさせるため、1文でまとめられる場合と2文以上にまたがる場合では、答案中の表現を変えるようにしましょう。

1文に収まるとき
・課題文では　…　と述べられている。
・筆者は　…　と主張している。
・グラフから　…　が読み取れる。

資料に触れた部分

2文以上にまたがるとき
・～。－。…。以上（のこと）が課題文で述べられている。
・～。－。…。以上（のこと）が筆者の主張である。
・～。－。…。以上（のこと）がグラフから読み取れる。

大学側の与える文章や図表は、あくまでも皆さんが自分の意見を論ずるためのベースでしかありません。答案の書き出しでこのように資料に触れおわったら、残りの字数は自分の考えを述べるために用いましょう。（特に「課題文型」の場合、文章の内容をただ言い換えて説明しただけの答案を書いてしまう受験生が多いので気をつけましょう！）

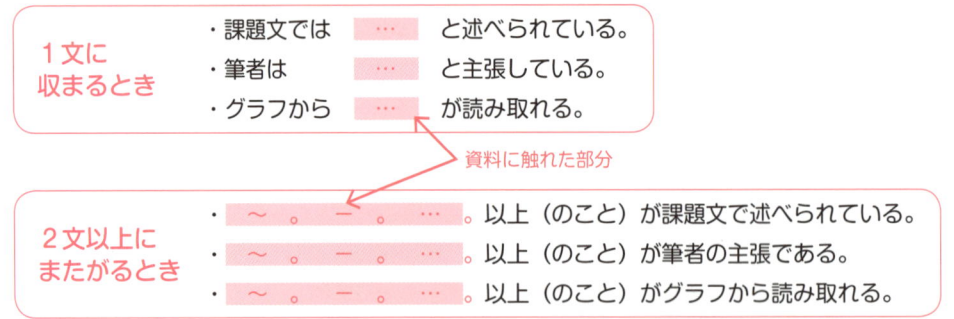

基本練習

答えは別冊6ページ

①左ページの解説を参考に、35 ページの基本練習①のグラフから読み取れる内容を、答案で示すのにふさわしい形で 50 ～ 100 字にまとめてみよう。

ヨコ 10 20

②同様に、35 ページの基本練習②の表から読み取れる内容を、答案で示すのにふさわしい形で 50 ～ 100 字にまとめてみよう。

ヨコ 10 20

14 第2章　書く前にすべきこと
テーマの絞り込み

POINT
課題文型・図表型…資料の分析から捉えたテーマ
テーマ型……………設問で示されたテーマ
を、扱いやすくするため「絞り込む」！
（論じやすくするため）

「○○について、あなたの考えたことを述べなさい」のように、題名だけが与えられるタイプの小論文を「テーマ型」と呼びます。課題文型や図表型のときに資料を通じて確認したテーマにせよ、テーマ型のときに設問で示されたテーマにせよ、与えられたテーマをそのまま答案で扱おうとするのはNGです。というのも、抽象的で漠然としたテーマを限られた字数の中でそのまま扱おうとすると、焦点のはっきりしない（論点のぼやけた）答案になってしまうからです。

テーマをより具体的なものへと絞り込む

そこで、「与えられたテーマ」を「答案で論ずるテーマ」へと変換するため、何段階かにわたって絞り込んで具体的なものにしていく作業をします。

例1 「地球温暖化について、あなたの考えたことを述べなさい」　　与えられたテーマ

↓絞り込み

温暖化をくい止めるための対策（△　だいぶ絞り込めたが、まだ不十分）

↓絞り込み

温暖化をくい止めるために私たちが日常生活の中でできることは？　　実際に論ずるテーマ
（○　具体的に論ずることが見える＝ここまで絞り込めればOK！）

例2 「『生きがい』という題名で、あなたの考えたことを述べなさい」　　与えられたテーマ

↓絞り込み

高齢者にとっての「生きがい」

↓絞り込み

高齢者が、自らの持つ知識や技能を社会の役に立て、
そこから生きがいを感じられるようにするために必要なことは？　　実際に論ずるテーマ

何段階にわたって絞り込みを行うかは、与えられたテーマの性質によって異なりますが、このような「絞り込み」を行うことで論ずるテーマが具体的になり、採点者にとっては読みやすく、受験生の皆さんにとっては書きやすい答案の作成が可能になります。

基本練習

答えは別冊6ページ

次のテーマについて、左ページを参考に「絞り込み」の作業を行い、実際に論ずるテーマを考えてみよう。「絞り込み」の作業は何段階でもかまいません。

①「現代社会におけるマナーの問題」

与えられたテーマ
▼
▼
▼
▼
▼
実際に論ずるテーマ

②「自立」

与えられたテーマ
▼
▼
▼
▼
▼
実際に論ずるテーマ

③「豊かさ」

与えられたテーマ
▼
▼
▼
▼
▼
実際に論ずるテーマ

論の方向性を考える

「与えられたテーマ」を「実際に論ずるテーマ」へと変換したら、次はさらに踏み込んだ論の方向性について考えていきます。

論ずるテーマに関連する【体験談】を考えてみる

例 「マナー」

↓ 絞り込み

公共の場での携帯電話・スマートフォンの使用マナーを向上させるには？

↓ このことに関連する体験談はないか？

通学で使用する電車内で見かけた、携帯電話のマナー違反

与えられたテーマ
▼
実際に論ずるテーマ
▼
関連する【体験談】

論ずるテーマに関連する【社会的事件】を考えてみる

例 「医師不足」

↓ 絞り込み

産婦人科医の不足

↓ このことに関連する社会的事件（ニュースなどで報道されること）はないか？

救急搬送された妊婦がたらい回しされて死亡した事件

与えられたテーマ
▼
実際に論ずるテーマ
▼
関連する【社会的事件】

論ずるテーマについて［賛成⇔反対］［＋《プラス》面⇔－《マイナス》面］など【色々な立場】で捉えてみる

例1 「携帯電話」

↓ 絞り込み

小中学生への携帯電話・スマートフォンの普及

↓ どのような立場がありうるか？

小中学生が携帯電話・スマートフォンを持つことに賛成か反対か？

例2 「赤ちゃんポスト」

↓ 絞り込み

我が国は今後赤ちゃんポストをどうしていくべきか？

↓

赤ちゃんポストが存在することの＋面と－面は？

与えられたテーマ
▼
実際に論ずるテーマ
▼
【色々な立場】

ここまでの作業を終えると、小論文の代表的な展開パターンのどれが使えるか…ということが見えてくるので、あとはそのパターンに従って序論・本論・結論の各部に何を書くかが決定できます。どのパターンにも当てはまらないような場合（実際、そのようなことはまずありませんが）は、序論・本論・結論の基本的なはたらきに従って各部に書く内容を決めていきます。

基本練習

答えは別冊6ページ

39ページの基本練習で考えた内容について、体験談・社会的事件・色々な立場のいずれかを選んで挙げてみよう。

①「現代社会におけるマナーの問題」 ↓ 〔　　〕 ↓ 〔　　〕

与えられたテーマ ▼▼ 実際に論ずるテーマ ▼▼ 体験談 / 社会的事件 / 色々な立場

※いずれかに○をつけよう

②「自立」 ↓ 〔　　〕 ↓ 〔　　〕

与えられたテーマ ▼▼ 実際に論ずるテーマ ▼▼ 体験談 / 社会的事件 / 色々な立場

※いずれかに○をつけよう

③「豊かさ」 ↓ 〔　　〕 ↓ 〔　　〕

与えられたテーマ ▼▼ 実際に論ずるテーマ ▼▼ 体験談 / 社会的事件 / 色々な立場

※いずれかに○をつけよう

16 序論① 失敗しない「問い」の立て方

ここからの「3部構成の基本」では、どのような展開パターンをとる場合にも共通の【序論】【本論】【結論】それぞれについてのポイントを確認していきます。

POINT
【序論】は、「答案の方向性を明らかにするための部分」である！

序論では、読み手を迷わせないための「道案内」をしっかりと！

答案の論理展開を「道」にたとえると、筆者である皆さんは、読者（＝大学側の採点者）を正しくゴールへと「道案内」しなければいけません。そこで、【序論】では、これから歩いていく道はどのような道なのか、ゴールにはどのような内容が待っているのか…を示し、読み手が道に迷わないよう工夫する必要があります。つまり、

【序論】には
・論ずるテーマを宣言する
・結論を予告する
ような内容を示す

ことが必要なわけです。

「問い」を立てて序論をしめくくろう

自分自身について論ずるようなテーマでない限りは、【序論】のおわりで「問い」を立てることが有効です。【序論】を「問い」でしめくくることで、絞り込んだテーマを明らかにしたり【結論】の予告をしたりすることができ、骨組みのしっかりした答案が構成可能になります。

「問い」のNGパターン

× 設問を単に繰り返しただけでテーマが絞り込まれていない「問い」

設問 「豊かな老後のために必要なこと」について、あなたの考えたことを述べなさい。

→豊かな老後のために必要なことは何だろうか。

× 読むまでもなく答えが明らかで論ずる価値のない「問い」

設問 「未成年者の喫煙問題」について、あなたの考えたことを述べなさい。

→未成年の喫煙は悪いことなのだろうか。

× 知識の説明にしかならないため論の深みにつながらない「問い」

設問 「代理出産の是非」について、あなたの考えたことを述べなさい。

→代理出産とはどういうことか。

※小論文の答案では、「問い」（＝疑問文）であっても、文末は「？」ではなく「。」でおわらせます。

基本練習

答えは別冊6ページ

左ページ「問い」のNGパターンに示した「問い」について、小論文答案にふさわしい「問い」に書き改めてみよう。

①設問 「豊かな老後のために必要なこと」について、あなたの考えたことを述べなさい。

→問い（不適切） 豊かな老後のために必要なことは何だろうか。

［　　　　　　　　　　　　　　　　　　　］

ヒント 絞り込んだテーマが明らかとなるような「問い」が必要。そのために、豊かな老後とは「どのようなもの」なのか、それを実現するために「誰がすべきことを論じるのか」などが明らかになるような「問い」を考えてみよう。

②設問 「未成年者の喫煙問題」について、あなたの考えたことを述べなさい。

→問い（不適切） 未成年の喫煙は悪いことなのだろうか。

［　　　　　　　　　　　　　　　　　　　］

ヒント 論の方向性が、論ずる価値のあるものになるような「問い」を考えてみよう。

③設問 「代理出産の是非」について、あなたの考えたことを述べなさい。

→問い（不適切） 代理出産とはどういうことか。

［　　　　　　　　　　　　　　　　　　　］

ヒント ただアタマの中の知識を並べるだけの展開にならないような、論の深まりを生む「問い」を考えてみよう。

17 第3章　3部構成の基本
序論② 序論の展開の仕方

序論は3つのパーツで構成しよう

【序論】を成り立たせるための要素としては、次の3つをおさえておけば十分です。

❶ 資料をまとめる　⟶　❷ 事例を挙げる　⟶　❸ 問いを立てる

・❶…文章や図表のような資料がない場合は、❶はカットします。
・❷…❶がない場合や❶だけで不十分な場合に利用します。
・「社会問題を論ずる」パターンを利用するときは❶と❷で「現状」が説明できるようにします。

例1 「マナー」というテーマが与えられたとき（→❷+❸で書くときの例）

私が通学で使用している電車の中で、朝の時間帯に化粧をしている乗客の姿を見かけることがしばしばある。 ▶▶▶ ❷ 事例を挙げる

↓

このような車内マナーの問題に対して、どのように対処すべきだろうか。 ▶▶▶ ❸ 問いを立てる

例2 グラフが与えられて「児童虐待」について論ずるとき（→❶+❷+❸で書くときの例）

資料より、児童相談所の児童虐待の相談対応件数がここ数年急増していることが読み取れる。 ▶▶▶ ❶ 資料をまとめる

↓

先日も、○○県で△△な虐待によって乳児の尊い生命が奪われるという痛ましい事件があった。 ▶▶▶ ❷ 事例を挙げる

↓

虐待が深刻化する前に早期発見し子どもの生命を守るには、どのような取り組みをすべきだろうか。 ▶▶▶ ❸ 問いを立てる

※字数によっては、❷をカットして、❶+❸のかたちにすることも可能です。

迷ったときは、結論を先に考えてみる

「問い」の表現や内容を考えるときには、場合によっては、先に【結論】部分で述べようとする自分の主張を考えてみることも有効です。その場合は、【結論】で述べたいことと対応する（それをうまく導くことのできる）「問い」を立てるようにしましょう。

基本練習

答えは別冊7ページ

①「自立」をテーマに答案を作成する場合の、序論にあたる部分を100～150字で書いてみよう。

ヨコ 10 20

ヒント 資料がない題名だけのパターンなので、「事例を挙げる→問いを立てる」の流れで構成する。→41ページの基本練習②で考えたことを利用してみよう。

②次の資料をもとに答案を作成する場合の、序論にあたる部分を100～150字で書いてみよう。

日本の総人口と高齢化率の推移

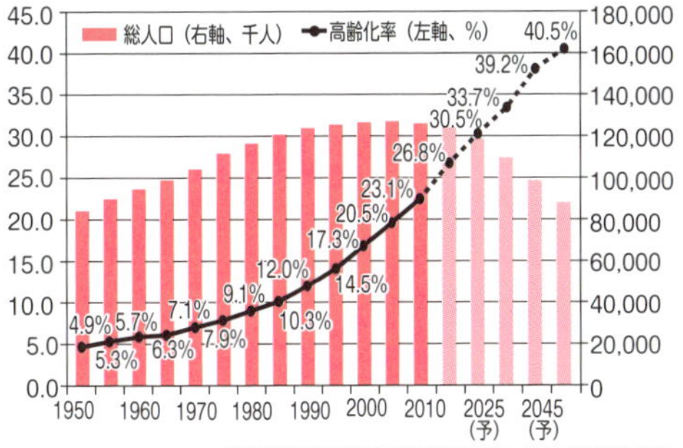

（内閣府「高齢社会白書（平成23年版）」を基に東洋証券作成。予想は国立社会保障・人口問題研究所。改変）

ヨコ 10 10

ヒント 資料（グラフ）があるパターンなので、「資料をまとめる→問いを立てる」または「資料をまとめる→事例を挙げる→問いを立てる」の流れで構成する。

18 本論①　根拠と主張の対応

POINT
【本論】は、「結論で述べる主張の根拠を示すための部分」である！

本論では、根拠を示して「説得力」をつくり出そう！

【序論】は比較的、型にはめて展開しやすいのに対し、【本論】は論ずるテーマや主張の内容によって展開の仕方は様々です。が、どのような場合であれ、

【本論】には
・主張の根拠となる内容を
・結論をきちんと対応させて
示す

ことが必要です。

本論と結論（＝根拠と主張）をきちんと対応させよう

【本論】と【結論】をきちんと対応させ、答案の説得力をつくり出すためには、

本　論（＝根拠）　→（だから・したがって）→　結　論（＝主張）
本　論（＝根拠）　←（なぜなら）←　結　論（＝主張）

という関係を成り立たせることが最も基本的なポイントとなります。もし、どちらか一方でも「おかしいな？」「つながらないな？」となったら、【本論】【結論】どちらかの内容を修正する必要があるということです。

根拠の示し方のNGパターン

× 飛躍している（途中説明の不足）

オープンキャンパスに参加した。 ⇄ この大学を志望した。

体験そのものではなく、そこから考えた内容が根拠である

× 客観性がない

動植物がかわいそうだ。 ⇄ 地球環境を保全すべきだ。

「かわいそう」という心情（主観的内容）では説得力がない

× 矛盾している

友人は独力でいじめを克服した。 ⇄ いじめ解決には周囲の手助けが必要だ。

「独力で解決」と「手助けが必要」はつながらない

基本練習

答えは別冊7ページ

左ページ根拠の示し方のNGパターンに示した内容を、次の《　》内の指示に従って書き改めてみよう。

ヒント　本論と結論をきちんと対応させるための基本的な練習なので、詳細・長い内容ではなく、短めの一文でコンパクトにまとめてみよう。

①オープンキャンパスに参加した。だから、この大学を志望した。

《下線部に、そこから考えた内容を付け足す》

［　　　　　　　　　　　　　　　　　　　　］

②動植物がかわいそうだ。だから、地球環境を保全すべきだ。

《下線部を、心情以外の内容に書き改める》

［　　　　　　　　　　　　　　　　　　　　］

③友人は独力でいじめを克服した。だから、いじめ解決には周囲の手助けが必要だ。

《下線部を、「だから」以降の内容と矛盾しない別の内容に書き改める》

［　　　　　　　　　　　　　　　　　　　　］

19 本論② 根拠の充実のさせ方

根拠の提示は「理由を述べる」「証拠を挙げる」を組み合わせる

例 Ⓐ 伊藤先生の小論文の授業がオススメである！ ＝主張したいこと

理由を述べる ↗　　　　↖ 証拠を挙げる

Ⓑ なぜなら、配布されるプリントが充実しており、授業内容も実践的だからだ

Ⓒ 昨年度の受講生のうち、なんと92%が第1志望に合格している

主張の説得力を増すための材料

上の例で説得力の強弱を考えてみると、

強		弱		なし
Ⓐ+Ⓑ+Ⓒ	＞	Ⓐ+Ⓑ や Ⓐ+Ⓒ	＞	Ⓐのみ

となります。

このように、根拠を示すには「理由を述べる」「証拠を挙げる」という２つの方法があります。これらの内容を示しながら【本論】を展開することで大学側の採点者に評価してもらえる「説得力」がつくられていくわけです。前の単元でも確認したように、答案でどういうテーマを論じ、最終的に何を主張するかによって、【本論】の展開の仕方は様々であり、一概にパターン化はできません。理由を述べることと証拠を挙げることのどちらを優先するか、どう組み合わせるかは皆さんしだいですので、このあたりは答案作成の練習を重ねることで論の組み立てを上達させていくようにしましょう。

迷ったときは、結論を先に考えてみる

【序論】における「問い」のときもそうでしたが、【本論】で根拠として示す内容を考えていくときにも、場合によっては、先に【結論】部分で述べようとする主張（の中心）を考えてみることも有効です。「結論で○○を主張したいから、その主張に説得力を持たせるためにはこういう内容を根拠として挙げればよいな」と考えることで、飛躍や矛盾のないしっかりした骨格の答案が出来上がる可能性が高くなります。

基本練習

答えは別冊7ページ

次の主張について、《　》内の指示に従って適切な根拠を示してみよう。

ヒント 論証と例証の基本を学ぶための練習なので、詳細・長い内容ではなく、短めの一文でコンパクトにまとめてみよう。

①主張「国民年金の納付率を高めるための取り組みを行うべきだ。」

《理由を述べるかたちで》

根拠 [　　　　]

したがって ↓↑ なぜなら　の関係が成り立つかも確認しよう

主張 国民年金の納付率を高めるための取り組みを行うべきだ。

②主張「地球温暖化をくい止めるため、一刻も早い世界的対策が必要だ。」

《証拠を挙げるかたちで》

根拠 [　　　　]

したがって ↓↑ なぜなら　の関係が成り立つかも確認しよう

主張 地球温暖化をくい止めるため、一刻も早い世界的対策が必要だ。

20 結論① ストレートでインパクトのある主張

POINT
【結論】は、「設問の求めに応えた自分の考え（主張）を述べるための部分」である！

結論では、読み手に「ここが自分の最も言いたいことだ」とはっきり伝える！

【結論】部分をどう構成するかは、【本論】と同様に、論ずるテーマの性質や利用する展開パターンによって異なってきますが、どのような場合であれ、

【結論】には
・かたち（形式）……主張の中心が明確になるような表現で
・なかみ（内容）……設問の求めに応えた内容を
示す

ことが必要です。逆に言えば、主張の中心が曖昧になるような書き方をしたり、設問の要求と無関係なことを書いたりしてはダメ、ということでもあります。

主張の中心を明確にする、インパクトのある表現とは？

主張の中心を採点者にはっきり伝えるには、次のようなインパクトのある強い表現が効果的です。

～べきだ　～なければならない　～重要だ（重要なことは～だ）　～必要だ　など

このような表現を、【結論】部分で１～２回に限定して用いることで、言いたいことの中心が読み手にはっきりと伝えられるようになります。ただし、論ずるテーマによっては（自分について論ずる場合など）これらの表現を使わない方がよい場合もありますので気をつけましょう。

設問の求めにストレートに応えた内容とは？

内容がどんなに素晴らしくても、設問で問われていないことを主張してしまっては評価対象外です。設問で「○○についてあなたの考えたことを述べなさい」と問われたら、主張の中心も「私は○○について～と考える」とまとめられるような内容でなければいけません（実際の答案中では必ずしもこのような表現である必要はありませんが）。横道にそれたり、遠回しな言い方になったりすることのないよう気をつけ、ストレートに、たとえて言うなら「変化球ではなく直球で」主張を示すようにしましょう。

基本練習

答えは別冊7ページ

左ページを参考にしながら、次の主張を「インパクトのある強い表現」で書き改めてみよう。

①出生率の回復のため、安心して子を産み育てられる体制を作るとよい。

[　　　　　　　　　　　　　　　　　　　　]

ヒント 文末を書き換えるだけでよい。

②温暖化対策を実効性のあるものとするため、世界各国が足並みをそろえよう。

[　　　　　　　　　　　　　　　　　　　　]

ヒント 文末を書き換えるだけでよい。

③未成年者の飲酒や喫煙を防ぐための方法は、周囲から酒やタバコを勧められたときの断り方を教えることだ。

[　　　　　　　　　　　　　　　　　　　　]

ヒント 文末を書き換えるだけでは不十分。文全体の「かかり受け」を正しくするために、他の部分も書き換える必要がある。

21 結論② 主張のNGパターン

主張のNGパターン①　～「かたち」の面から～

同じことを主張しても、表現しだいで読み手が感じる「説得力」には大きな差が生じます。次のような主張のかたちは説得力という面からみるとマイナスになるので、使わないようにしましょう。

× 「感想文」型　(～と思う・～と感じる　など)

私は、代理出産を法規制することが必要だと思う。

× 「疑問文」型　(～ないか)

小学校において英語を必修科目にすることは不必要ではないか。

× 「曖昧・不確か」型　(～だろう・～かもしれない　など)

教師は、子ども一人ひとりの個性を伸ばしていくことが大切なのかもしれない。

主張のNGパターン②　～「なかみ」の面から～

高評価をゲットするためには、主張を表す「かたち」に加え、「なかみ」も充実させる必要があります。特に、社会問題を論ずるときには「なかみ」をどう充実させるかがポイントとなります。

× ただ理想や希望を述べただけの「非現実的」な主張

障害者への差別や偏見はあってはならないことで、一刻も早くなくすべきだ。

× 国や社会に解決を委ねてしまうような「丸投げ・無責任」の主張　(～ほしい・～もらいたい)

政府には、待機児童の解消に向けて、もっと積極的な取り組みを行ってもらいたい。

× 情に訴えるだけの主張　(やさしさ・思いやり・自覚　など)

タバコを吸う人たちは、喫煙マナーについてもっとしっかり自覚を持つべきだ。

上に挙げた3つのNG例の主張は、世の中の多くの人に同意してもらえる「正論」と言える内容です。しかし、「自分の考えを主張する」受験小論文の答案では、このような内容だけを示しても、高い評価は期待できません。

基本練習

答えは別冊7ページ

左ページの主張の NG パターン①に示した内容を、小論文答案にふさわしい主張に書き改めてみよう。

①私は、代理出産を法規制することが必要だと思う。

[　　　　　　　　　　　　　　　　　　　　]

ヒント　2 か所の語句をカットしてもよいし、文末を別の語に書き換えてもよい。

②小学校において英語を必修科目にすることは不必要ではないか。

[　　　　　　　　　　　　　　　　　　　　]

ヒント　疑問表現をカットして文末を改めてみよう。

③教師は、子ども一人ひとりの個性を伸ばしていくことが大切なのかもしれない。

[　　　　　　　　　　　　　　　　　　　　]

ヒント　曖昧な表現をカットして文末を改めてみよう。

※主張のNGパターン②に関連する内容は、55ページの基本練習で扱います。

22 結論③　結論の展開の仕方

結論は「大から小へ」の流れで構成しよう

【結論】をふくらませたり、より細かなことがらを述べようとする場合は、

❶ 主張の中心をズバリ示す　⟶　❷ 必要に応じて補足する

と､「大きい全体的なこと→より詳細なこと」という流れで展開します。❶はどのような場合でも絶対に必要な内容ですが、❷については論ずるテーマや制限字数によって、どこまで詳細に示すかをそのつど検討するようにしましょう。

例1 「10年後の私」がテーマのとき

私は10年後に、高齢者の在宅医療に携わる医療従事者として、地域医療に貢献する存在でありたいと考える。 ▶▶▶ ❶ まず、設問の求めに応えた主張を示す

↓

それを実現するために、大学在学中に〜な能力を身につけ、卒業後は〜といったキャリアを積んでいこうと考えている。 ▶▶▶ ❷ ❶を実現するための目標をさらに踏み込んで示す

※この例は「自分を論ずる」テーマなので、インパクトのある強い表現は用いずに主張を示しています。

例2 「高齢者の生きがい」がテーマのとき

高齢者が生きがいを感じるためには､「自分が社会の役に立っている」という感覚を得られるようにすることが必要だ。 ▶▶▶ ❶ まず、設問の求めに応えた主張を示す

↓

そのために、〜のようなかたちで、自らの知識や経験を社会に還元できるような場を地域社会の中に設けていくべきである。 ▶▶▶ ❷ ❶を実現するための具体性と現実味のある方策を示す

※社会問題を論ずる場合、【結論】にそれなりの字数を確保し、❷の部分までしっかり示すように心がけましょう。

基本練習

答えは別冊8ページ

52ページの主張のNGパターン②に示した内容を、小論文答案にふさわしい主張に書き改めてみよう。

①障害者への差別や偏見はあってはならないことで、一刻も早くなくすべきだ。

〔 そのために 〕

②政府には、待機児童の解消に向けて、もっと積極的な取り組みを行ってもらいたい。

↓ まず、主張を「〜ほしい・〜もらいたい」を用いない形に書き換える

〔 〕

＋

〔 そのために 〕

③タバコを吸う人たちは、喫煙マナーについてもっとしっかり自覚を持つべきだ。

〔 そのために 〕

23 第4章　体験談をベースに論ずる
全体の構成

ここからは「体験談」をベースに用いて答案を作成していく場合の、【序論】【本論】【結論】それぞれについてのポイントを確認していきます。

例題　あなたの理想とする看護師像について述べなさい。

解答例

序論
答案の方向性を明らかにする

私の母は看護師として病院で勤務している。あるとき母は、予定日よりひと月も早く仮死状態で産まれてきた新生児の出産に立ち会った際の話をしてくれた。母子が共に無事であったことがどれだけ嬉しく、新しい生命の誕生に立ち会えることがどれだけ素晴らしいことかを、母は私に語ってくれた。また母は、多忙な業務の中にあっても患者一人ひとりとの関係を大切にしたいと常日頃から言っている。

本論
結論で述べる主張の根拠を示す

看護師の職務とは、ただ単に診療の補助や療養上の世話を行うことではない。病名としての分類は同じであっても、それまでの人生や持っている価値観は患者一人ひとり異なるものである。そのような患者に、看護師として、そして時には一人の人間として接し、喜怒哀楽を共にする。それは重い責任や厳しさを伴うものであるだろうが、それを上回るやりがいと魅力があるはずである。私は母の話を聞くことで、そう考えた。

結論
設問の求めに応えた自分の考えを述べる

以上のことから、専門職としての高度な知識と技術を有することはもちろん、一人ひとりの患者の思いを可能な限り理解しそれに共感する、つまり「患者の心に寄り添う」看護を提供できる看護師が、私の理想とする看護師像である。

POINT ～体験談を利用した展開～

答案の流れは 「体験談」→「分析・考察」→「まとめ」 で書く！

〈序論〉体験談を挙げる

→「私は……体験をした。」とまとめられる内容を考えてみる

「体験談をベースに論ずる」展開パターンを利用するときは、序論でまず自分の体験談を挙げます。全体の 30 ～ 40%くらいの字数をめやすに、自分が「いつ・どこで・どのような」体験をしたかを明らかにしましょう。ただし、大学側が知りたいのは、受験生の皆さんが「どのような経験をしたか」ではなく、「過去の経験からどのようなことを考えたか」です。皆さんが書くのはあくまでも「小論文」ですから、体験談の占める割合が多くなりすぎて「作文・感想文」になってしまわないように注意しましょう。

〈本論〉体験談への分析・考察を示す

→「その体験を通じて……と考えた。」とまとめられる内容を考えてみる

本論では、体験談に対する自分なりの分析・考察を示します。体験談は単なる「過去の思い出の話」という《事実》であるのに対し、分析・考察は事実への《意見》、つまり、「現在」という時点（視点）から「過去」の自分の体験に意味を与えるといった内容を示していくことになります。この部分をうまく示せるかどうかが答案の評価を分ける大きなポイントとなりますので、全体の 40 ～ 50%くらいの字数をめやすに、しっかりと内容を充実させましょう。

〈結論〉分析・考察で示した内容を設問と対応するかたちの主張にまとめる

→「以上のことから、私は……と考える(○○は△△である)。」とまとめられる内容を考えてみる

結論では、本論で示した分析・考察をふまえ、それを設問の要求する方向へとまとめて答案をしめくくります。体験談をベースに論ずる展開パターンでは、結論にそれほど多くのことを書く必要はないので、全体の 20 ～ 30%くらいの字数をめやすに、設問の要求にストレートに対応した表現や内容で簡潔にまとめていくとよいでしょう。

24 第４章　体験談をベースに論ずる
序論　体験談の選び方・挙げ方

ここで学ぶこと

体験談 → 分析・考察 → まとめ

ステップ①　答案で論ずるテーマを確認する

56 ページで示した例題の場合、設問で求められていることは「自分の理想の看護師像」です。そこで、まずは「私の理想の看護師像ってどのようなものかな？」と考え、それをできるだけ具体的な内容でまとめてみましょう。それによって、【結論】の部分で述べることが定まります。

例
× ・やさしい看護師
○ ・小児科の病棟で闘病する子どもたちに、安心感を与えることができる看護師
○ ・一刻を争う災害医療の現場で、被災者救助の先頭に立って活躍する看護師　など

ステップ②　体験談を選ぶ

【結論】の部分で述べることが定まったら、それに関連する自分の体験を考えてみましょう。「きっかけ」となる体験を考えてみることが、「答案で使える体験談」を見つけるときのコツです！

例
・自分が病気で入院したときに、ある看護師の世話になった
・災害医療の現場で働く看護師についてのドキュメンタリー番組を見た
・地元の病院で開催された「高校生のための一日看護体験」に参加した　など

このようにいくつかの体験談を思いついても、すべてを書くわけにはいきません。自分が主張したいことに一番よく結びつく体験談を、絞り込んで示すようにしましょう。

ステップ③　できるだけ簡潔にまとめる

体験談の分量を多く書いてしまうと「感想文・作文」になってしまいます。体験談はあくまでも論を展開するためのベース（＝土台）であり、次の単元で学習する「体験談への分析・考察を示す」ことの方が大事なのです。したがって、体験談の中に「　」（カギカッコ）で会話文を登場させたり、できごとの描写が細かくなりすぎたりしないよう気をつけながら、必要な情報をコンパクトにまとめて伝えられるように心がけましょう。

体験談をベースに論ずるとき　【序論】では → ・主張につながる体験談を ／ ・コンパクトにまとめて → 示す

基本練習

答えは別冊8ページ

「あなたの座右の銘」という題名で答案を作成することを想定し、左ページの解説を参考に、次の①〜③に答えてみよう。

ヒント 座右の銘＝常に自分の心に留めておいて、戒めや励ましとする言葉

①自分の「座右の銘」を具体的にいくつか挙げてみよう。

［　　　　］

②自分がその言葉を「座右の銘」とするようになったきっかけとなる体験をいくつか挙げてみよう。

［　　　　］

③上の②で挙げた体験の中から１つを選び、その内容を150〜200字でまとめてみよう。

ヨコ 10 20

※ここで挙げた内容は、61ページの基本練習に続きます。

25 本論　分析・考察の示し方

ここで学ぶこと

体験談 → 分析・考察 → まとめ

ステップ①　体験を通じて「考えた・学んだこと」をまとめてみる

体験談を通じて「自分が何を考えた・学んだのか」を思いつく範囲でいくつか挙げてみます。このとき、ただの「気持ち・感想」にならないように気をつけましょう。また「学んだこと」ばかりだと、小中学生の「調べ学習」のようなレベルの答案になってしまう可能性が高いため注意しましょう。

体験談　小学生のとき、ナイチンゲールの伝記を読んだ。

↓

分析・考察

× その本はとても面白かった。（これでは感想文になってしまいます！）

○ その本を読んで、私は看護師という職業について〜と考えた。

ステップ②　体験を通じて「自分に起きた変化・成長」をまとめてみる

体験談を通じて「自分がどのように変わったのか」をいくつか挙げてみます。このとき、変化や成長を示したいあまり、変化する前・成長する前の「ダメな自分」について言及してしまい、そちらの方が採点者に強く印象づけられてしまわないよう注意しましょう。

体験談　地元の病院で開催された「高校生のための一日看護体験」に参加した

↓

分析・考察

× それまで将来の進路について何も考えていなかった私は、その体験を通して医療従事者になりたいと思うようになった。（この部分が自己PRとしてマイナスになってしまいます！）

○ その体験を通じて、看護師という職業を〜という観点から見るようになった。

ステップ③　①・②で挙げた内容の中から、答案中で示すものを選ぶ

①・②で頭に思い浮かんだ内容をすべて答案中に示すわけにはいきません。それらの中から「論の深まり」につなげることができるものを１〜２つ程度選び、それを答案中に示すようにしましょう。なお、**①・②のステップで示せるような内容が見つからないときは、体験談の選び方が不適切ということです。この場合は、体験談の選び方に戻って考え直しましょう。**

体験談をベースに論ずるとき	【本論】では	・体験談への分析・考察を ・論が深まるように	示す

基本練習

答えは別冊8ページ

59 ページの基本練習③で挙げた体験をもとに、左ページの解説を参考にしながら次の①～③に答えてみよう。

①体験を通じて「考えた・学んだこと」をいくつか挙げてみよう。

[　　　　　　　　　　　　　　　　　　]

②体験を通じて「自分に起きた変化・成長」をいくつか挙げてみよう。

[　　　　　　　　　　　　　　　　　　]

③上の①・②で挙げたことがらから 1 ～ 2 つ程度を選び、150 ～ 200 字でまとめてみよう。

ヨコ　10　20

※ここで挙げた内容は、63ページの基本練習に続きます。

結論　主張の示し方

ここで学ぶこと

体験談 → 分析・考察 → **まとめ**

ステップ①　設問の要求に応じた主張になっているかどうかを確認する

自己ＰＲにつながる体験談をうまく選んで挙げられても、また、そこから内容の充実した分析・考察を示せても、答案全体で最も伝えたいことが設問の要求とズレていたのでは意味がありません。**設問が何をテーマとして論じさせたいのか、【結論】部の中心に何を示せばよいのかをもう一度確認**しましょう。

ステップ②　本論（＝分析・考察の内容）とつながる主張になっているかどうかを確認する

小論文の答案として大事なのは、【本論】と【結論】をきちんと対応させ、説得力をつくり出すことです。そのためのチェックとして、

【本　論】
体験を通じて～と考えた

（だから・したがって）→
←（なぜなら）

【結　論】
○○は△△である

という関係で、両方向の矢印が成り立つかどうかを確認しましょう。もし、どちらか一方でも「おかしいな？」「つながらないな？」となったら、【本論】・【結論】のどちらかの内容を修正する必要があります。小論文の初心者の場合、**【本論】での「分析・考察」で論の方向がズレてしまい、【結論】とうまくつながらなくなってしまう（＝飛躍・矛盾してしまう）**ケースがよく見られるので、特に【本論】の内容に問題がないか、戻って確認するとよいでしょう。

ステップ③　主張（の中心）が明確になるように答案中に示す

①・②の作業を通じて答案全体の流れ、主張の内容に問題ないことが確認できたら、執筆する作業に入ります。体験談をベースに論ずる展開パターンでは、【結論】にそれほど多くのことを書く必要はありません。ですから、**設問の要求にストレートに対応した表現や内容で簡潔にまとめていく**とよいでしょう。

体験談をベースに論ずるとき　【結論】では
→・設問の要求に応えた主張を
→・その中心を明確にして
　示す

基本練習

答えは別冊8ページ

61ページの基本練習③で挙げた分析・考察をもとに、左ページの解説を参考にしながら次の①〜③に答えてみよう。

①結論で述べたいことを短くまとめ、設問の要求に応じた主張になっているかどうかを確認しよう。

主張の中心＝［　　　　　　　　　　　　　　　　　　　　］

↕　対応（　している　・　していない　）

※どちらかに〇をつけよう

設問の要求＝〔あなたの座右の銘〕

②本論・結論で述べたいことを短くまとめ、本論とつながる主張になっているかどうかを確認しよう。

本論の中心＝［　　　　　　　　　　　　　　　　　　　　］

だから↓↑なぜなら　両方が（　成り立つ　・　成り立たない　）

※どちらかに〇をつけよう

結論の中心＝［　　　　　　　　　　　　　　　　　　　　］

③上の①・②を確認したら、100〜150字でまとめてみよう。

ヨコ　10　20

復習問題

答えは別冊9ページ

自分の体験談をベースに「自分の将来像」について答案を書くための文章展開を考えてみよう。

1

「自分の将来像」（＝将来の夢や目標）を明確に意識した体験を「私は……体験をした。」というかたちで簡潔にまとめてみよう。

［私は

体験をした。］

2

1で挙げた体験談から、自分がどのようなことを考えたか（＝体験談の分析・考察）を「その体験を通じて……と考えた。」というかたちで簡潔にまとめてみよう。

［その体験を通じて

と考えた。］

3

2で示した分析・考察を「以上のことから、私の『自分の将来像』は……である。」というかたちで簡潔にまとめてみよう。

［以上のことから、私の「自分の将来像」は、

である。］

※1～3の解答欄に記した内容をつなげて読んで、全体の流れがおかしくないかをチェックしよう！

左ページで考えた文章展開を、実際の答案にまとめてみよう。(600字以内)

ヨコ

27 第5章　社会問題を論ずる
全体の構成

ここからは「社会問題」について論ずる答案を作成していく場合の、【序論】【本論】【結論】それぞれについてのポイントを確認していきます。

例題 「児童虐待」についてあなたの考えたことを述べなさい。

解答例

序論
答案の方向性を明らかにする

先日、母親から虐待されて命を落としてしまった3歳の子どもに関するニュースを目にした。虐待により子どもの尊い命が失われてしまうケースがあとを絶たない。このような悲惨な虐待を未然に防ぐためには、どのような取り組みが必要だろうか。

本論
結論で述べる主張の根拠を示す

親が子を虐待するのは、育児上のストレスが大きな原因だと私は考える。現代の社会では、核家族化や少子化がますます進行すると共に、かつてのような地域社会における人と人とのつながりが希薄化している。このような状況の中では、育児経験の豊富な年長者や、同じ年頃の子どもを持った母親といった、育児上の悩みを相談できる相手が身近に存在しない可能性が高い。また、家庭という場所に養育者と子どもだけが存在し周囲の目が届かないという意味で、家庭が密室化しやすいという問題もある。これらのことが、育児上のストレスの解消を困難にするばかりか一層増大させてしまい、その解消のはけ口が子どもへと向けられたとき、深刻な虐待が発生するのである。

結論
設問の求めに応えた自分の考えを述べる

したがって、養育者が抱える育児ストレスを深刻化させないよう、気軽に相談できる場を構築することが必要だ。既に実施されている「子育て支援センター」のような、対面で相談できる場を一層増やすことに加え、電話やネットを通じて匿名で相談できる場を拡充していくことで、養育者が抱える悩みを打ち明けやすくなり、深刻な虐待は減少していくと考える。

POINT ～社会問題を論ずるときの展開～

答案の流れは 「現状」→「問題点」→「対策」 で書く！

〈序論〉現状を説明する

→「いま……が起きている（注目されている）。」とまとめられる内容を考えてみる

「社会問題を論ずる」展開パターンを利用するときは、序論で社会の現状、つまり、「いまの社会で起きている（＝人々の注目を集めている）事件やできごと」に触れます。ここはただ《事実》を示すだけの部分ですから、全体の 20 ～ 30%くらいの字数をめやすに、あまり字数をふくらませずに段落を終えるようにします。社会問題を論ずるパターンでは、序論は答案全体で一番短い段落にする、と考えておくとよいでしょう。

〈本論〉問題点を究明する

→「それを引き起こしている原因は……である（と考える）。」とまとめられる内容を考えてみる

本論では、序論で示した内容について「その事件やできごとは、どのようなことから・なぜ発生してしまっているのか？」をほり下げて明らかにしていきます。この部分は、受験生の皆さん自身が知識力や考察力をフル活用して「いまの社会でこういう問題が起こるのは、社会のこの部分に改善すべき悪い点があるからだ！」と述べていかなければなりません。この部分をうまく示せるかどうかが答案の評価を分ける大きなポイントとなりますので、全体の 50%くらいの字数をめやすに、深みのある内容を示す（＝根本的・本質的な問題に言及する）ようにしましょう。

〈結論〉対策を提示する

→「この問題を解決するために……すべきだ。」とまとめられる内容を考えてみる

結論では、本論で指摘した問題点をふまえ、「問題解決のためにすべきこと」を示して答案をしめくくります。あまりに抽象的で漠然とした内容を示したり、ただ理想論を述べたりするだけでは高い評価につながりません。全体の 20 ～ 30%くらいの字数をめやすに、問題解決のための具体性と現実味のある方法や対策を示すとよいでしょう。

28 第5章　社会問題を論ずる
序論　現状の説明

ここで学ぶこと

現　状 → 問題点 → 対　策

文章や図表といった資料が与えられる出題の場合、資料のまとめが「現状の説明」の代わりになる場合が多くあります。その場合はステップ①・②は省略してかまいません。

ステップ①　テーマに関連する事件やできごとを考えてみる

まずは、設問で与えられたテーマや、そこから絞り込んだテーマに関連する、

・マスコミの報道　　・自分の体験談　　・持っている知識

などの中から、「いま～が起きている（注目されている）」とまとめられる内容を考えます。これを「現状」と呼びます。このとき、「良いこと・理想的なこと」を挙げてしまうと後の展開で行き詰まってしまうことがあるので、できれば「悪いこと・困ったこと」を挙げるようにしましょう。

例 「働き盛りの男性の自殺」→
× 日本では、自殺者の総数もその年齢層の自殺者数も減少傾向にある。
○ その年齢層の自殺率は、諸外国と比べると依然として高い。

「いじめ」→
× 学校全体でいじめを減少させた取り組みについての新聞記事を読んだ。
○ いじめが原因で自殺してしまった中学生についての新聞記事を読んだ。

このステップでつまずかないためには、新聞やテレビのニュースなどを通じて、日頃から社会の中で起こっている様々なできごとに興味や関心を持っておくことが大切です。社会的テーマの中でも「時事問題」が問われるケースの多い大学を受験する場合には、特にしっかりと意識しましょう。

ステップ②　できるだけ簡潔にまとめる

《事実》を示す部分に字数を使いすぎてはダメなのは、体験談をベースに論ずるときと同様です。社会問題を論ずる際は、全体の中で【序論】が最も短い段落となるよう、表現や内容に注意しながらシンプルかつコンパクトに【序論】をまとめるよう心がけましょう。

ステップ③　「問い」でしめくくることも有効

社会問題を論ずる際は、答案の方向性を明らかにするために、【序論】のおわりに「問い」を置くことも有効です。（「問い」の立て方は→ 42 ページを参考に！）

社会問題を論ずるとき　【序論】では
→・テーマに関する「現状」を
→・コンパクトにまとめて
示す

基本練習

答えは別冊9ページ

「いじめ」という題名で答案を作成することを想定し、左ページの解説を参考に、次の①〜③に答えてみよう。

①「いじめ」に関連する、マスコミの報道・自分の体験・持っている知識をいくつか考え、その中から「悪いこと・困ったこと」につながる内容をいくつか書き出してみよう。

［　　　　］

②上の①で挙げたものの中から1〜2つを選び、100〜150字でまとめてみよう。

ヨコ　10　20

③上の②の内容のおわりに付け足すことのできるような、「問い」の表現を考えてみよう。

［　　　　］

29 第5章　社会問題を論ずる
本論　問題点の究明

ここで学ぶこと

現　状 → **問題点** → 対　策

ステップ①　現状が「『どのようなことから・なぜ』そうなっているのか」を考えてみる

まず、【序論】で示した現状について「それを引き起こしている原因は～である」とまとめられる内容をいくつか考えてみます。どのようなことから・なぜ、そのような状態が発生してしまうのかと考えてみると、論ずるポイントとなる内容が見つけやすくなります。

例 「働き盛りの男性の自殺」 → 経済問題（景気の悪さ）・雇用問題（リストラ）　など
「いじめ」 → 子どもの抱えるストレス・コミュニケーション能力の低下　など

ステップ②　①について、さらに「それはなぜ・どうしてか」を考えてみる

次に、①で挙げた中から「論の深まりにつながるもの」、言い換えれば、皆さんの視野の広さや考察の深さが採点者に伝えられるようなものを選びます。そして、それについてさらに「なぜ？　どうして？」と自分に向かって問いかけながら、ほり下げていきます。

例 「働き盛りの男性の自殺問題」→（経済問題・雇用問題などが自殺につながるのはなぜか？）
→ 成果主義・競争主義の中、ストレスや悩みといったメンタル面のケアが軽視されている。
「いじめ」→（どうして子どものコミュニケーション能力が低下したのか？）
→ 携帯やスマホの普及のせいで他者との距離感の取り方がわからない子どもが増えている。

ステップ③　欲張らず、論点が明確になるようにまとめて示す

①・②のステップの中では色々と多くの内容が皆さんの頭に浮かぶことでしょう。けれども「あれもこれも」と欲張ってしまうと、採点者にとって論点のはっきりしない（＝評価の低い）答案が出来上がってしまいます。字数にもよりますが、論点は１～２つに絞り、「社会のどこを（何を）改めていくべきか」を明らかにすることを心がけましょう。

社会問題を論ずるとき　【本論】では ―→・社会の改めるべきところを／―→・ほり下げて論を深めながら ― 示す

基本練習

答えは別冊9ページ

69 ページの基本練習②・③で示した内容をもとに、左ページの解説を参考にしながら次の①～③に答えてみよう。

①自分の挙げた「いじめ」の現状が「どのようなことから・なぜ」そのような状態になっているかを考え、いくつか書き出してみよう。

［　　　　　　　　　　　　　　　　　　　］

②上の①で挙げたものの中から１～２つを選び、さらに「それはなぜ・どうしてか」を考えて書き出してみよう。

［　　　　　　　　　　　　　　　　　　　］

③上の②で挙げたものを、論点が明確になるように気をつけながら 200 ～ 300 字でまとめてみよう。

ヨコ　10　20

30 第５章　社会問題を論ずる
結論　対策の提示

ここで学ぶこと

現　状 → 問題点 → 対　策

ステップ①　本論と対応する、対策の「大きな方向性」を示す

【本論】で示した「社会の改めるべきところ」と対応する「解決のため〜すべきだ」とまとめられる内容を考えます。小論文の答案として大事なのは【本論】と【結論】をきちんと対応させ、説得力をつくり出すことです。そこで、社会問題を論ずる場合は次の関係が成り立つかチェックします。

【本　論】原因（問題）は〜である　（だから・したがって）→　【結　論】解決のため〜すべきだ

【結　論】解決のため〜すべきだ　（なぜなら）→　【本　論】原因（問題）は〜である

もし、どちらか一方でも「おかしいな？」「つながらないな？」となったら、【本論】・【結論】のどちらかの内容を修正する必要があります。

ステップ②　①について、具体性と現実味のある対策を考える

社会問題を論ずる際の【結論】では、具体性と現実味のある対策を示すことが大切です。①のステップで大きな方向性を示したら、「それをどのように実現していくか」という観点から、より踏み込んだ具体策も示しましょう。どこまで詳しく述べるかはテーマによりけりですが、抽象的・非現実的な対策や単なる理想論を述べただけでは評価につながらないという点に気をつけつつ、字数の許す限りできるだけ詳しめに…と考えればよいでしょう。（「結論にふさわしくない内容」は→ 52 ページを参考に！）

具体性と現実味のある対策が思いつかないという場合は、【本論】の「問題点の究明」で難しすぎる方向に論を進めてしまい、【結論】で述べるべき内容が自分の手に負えないレベルになってしまっていることがほとんどです。その場合は、【本論】に戻って他の論点を検討しましょう。

ステップ③　対策（の中心）が明確になるよう、インパクトのある表現を用いてまとめる

①・②のステップで【結論】に示す内容が決定したら、「大きな方向性→具体策」という流れで答案中にまとめていきます。このとき「大きな方向性」を示す部分にインパクトのある（＝強い）表現を用いるなどの工夫をし、皆さんの伝えたいことの中心が大学側の採点者にはっきりと伝わるようにしましょう。（「インパクトのある表現」は→ 50 ページを参考に！）

社会問題を論ずるとき　【結論】では
- ・具体的で現実味のある対策を
- ・インパクトのある表現で

示す

基本練習

答えは別冊10ページ

71ページの基本練習③で示した内容をもとに、左ページの解説を参考にしながら次の①〜③に答えてみよう。

①「いじめ」対策の大きな方向性を考え、本論との対応を確認しよう。

本論の中心＝［いじめが発生する原因は　　　　である。］

だから↓↑なぜなら　両方が（　成り立つ　・　成り立たない　）※どちらかに○をつけよう

結論の中心＝［解決のため　　　　〜すべきだ（〜が必要だ）。］

②上の①を実現するための、より具体的な対策を考えてまとめてみよう。

［　　　　］

③上の①・②で挙げたものを、対策の中心が明確になるように気をつけながら150〜200字でまとめてみよう。

ヨコ　10　20

復習問題

答えは別冊10ページ

社会問題を論ずるときの展開で「地球温暖化」についての答案を書くための文章展開を考えてみよう。

1 「地球温暖化」の現状について、「いま……が起きている（注目されている）。」というかたちで簡潔にまとめてみよう。

［いま

が起きている（注目されている）。］

2 「地球温暖化」を引き起こしている問題点について、「それ（地球温暖化）を引き起こしている原因は……である。」というかたちで簡潔にまとめてみよう。

［地球温暖化を引き起こしている原因は

である（と考える）。］

3 「地球温暖化」を解決するための対策について、「この問題（地球温暖化）を解決するために……すべきだ。」というかたちで簡潔にまとめてみよう。

［この問題を解決するために

すべきだ。］

※1～3の解答欄に記した内容をつなげて読んで、全体の流れがおかしくないかをチェックしよう！

左ページで考えた文章展開を、実際の答案にまとめてみよう。(600字以内)

ヨコ

31 第6章　賛否の立場をもとに論ずる
全体の構成

ここからは「賛成」「反対」の立場をもとに答案を作成していく場合の、答案の展開の仕方について確認していきます。

例題 「小学校のカリキュラムで英語を教えること」について、あなたは賛成ですか、それとも反対ですか。あなたの立場と、そこから考えたことを述べなさい。

解答例

	〈賛成〉の立場から	〈反対〉の立場から
序論 答案の方向性を明らかにする	小学校で英語を教えることに、私は賛成である	小学校で英語を教えることに、私は反対である
本論 結論で述べる主張の根拠を示す	英語を学ぶことで ・言葉の壁がなくなる ・学問やビジネスで活躍する人が増える ・我が国の国際的地位が向上 といったメリットがある しかし ・カリキュラムに問題が多い ・教師の英語力も不十分	・日本語を使って表現・思考する力が不十分な小学生の段階で英語を教えると子どもは混乱する また ・言葉は文化と密接に関係するものであり、日本語の軽視は日本文化の軽視につながりかねない
結論 設問の求めに応えた自分の考えを述べる	小学校での英語教育を充実させるためには、 ・カリキュラムの見直し ・教師の英語力向上 が必要だ	英語は中学生になってからで十分であり、小学生のうちは日本語や日本文化についての理解を深めるべきだ

POINT ～賛成・反対の立場をもとに論ずるときの展開～

〈賛成〉の立場をとるときは「不足を補いつつ発展させる」
〈反対〉の立場をとるときは「難点を指摘した上で代案を提示する」
} 方向で！

〈序論〉自分の立場を明らかにする

→「私は……に賛成（反対）である。」や「私は……を推進（廃絶）すべきだと考える。」とまとめられる内容を考えてみる

「あなたはこの問題に賛成・反対どちらの立場か」などと、設問で賛否の表明が求められているときは、「私は○○に賛成（反対）だ」のような直接的な表現を用い、【序論】で必ず自分の立場を明らかにしておきます。

一方、設問で賛否の表明が求められていない場合は、「賛成」「反対」という表現は用いないようにし、「私は○○を推進（廃絶）すべきだと考える」「○○をより一層充実させるべきだ」「○○はなくす（改める）べきだ」などの間接的表現によって、どのような立場から論ずるのかを明らかにします。または、そのような表現を用いず、通常の【序論】の展開（→ p.44 を参考）に従って展開することも可能です。

〈本論〉〈結論〉その立場から論を展開する

→賛成なら「○○をもとに、（そこからさらに）私は……と考える。」
反対なら「○○ではなく、（それよりもむしろ）私は……と考える。」
とまとめられる内容を考えてみる

【序論】で立場を明らかにしたら、【本論】【結論】ではその立場をベースとして論を展開していきます。賛成（肯定・推進）の立場のときは「不十分なところを補いながら、より発展的なことを述べていく」という方向で論を進めます。また、反対（否定・廃絶）の立場のときは、「どこが・なぜ悪い（ダメ）かを指摘した上で、それに代わるより良い案を示す」という方向で論を進めます。賛否どちらの立場をとるかによってその後の論の展開は違ってきますので、それぞれについて展開の仕方をきちんと学んでおきましょう。

32 賛否を利用できる場合とは？

ここで学ぶこと

賛否の表明 ⟶ （賛否それぞれで異なる【本論】・【結論】の展開）

賛否は自分の意見を論ずるための土台！

「私は○○に賛成の立場から～と主張する」と言うことはできても、「私は○○に賛成の主張である」という表現は不自然です。それは、賛成（肯定・推進）や反対（否定・廃絶）というのは、「考え」ではなく「立場」であるからです。

小論文は「自分の考え」を述べるものなので、【結論】で「以上のことから私は～に賛成だ。」と書いてしまうと、立場を示しただけで考えを述べたことにはなりません。合格答案の作成のためには、「賛成」「反対」をゴールにした答案ではなく、「賛成」「反対」をスタートとして答案を展開していくことがポイントになります。

○　賛否をスタートにした展開

賛否 ⇒ 答案の展開 ⇒ 主張

×　賛否をゴールにした展開

答案の展開 ⇒ 賛否

「賛否をベースに論ずる」パターンが利用できるのはどんなとき？

小論文で問われるテーマや与えられる資料は、「賛否をベースに論ずる」パターンが利用できるものと、そうでないものがあります。

○　利用できるもの		×　利用できないもの
何らかの意見が述べられた文章	⟷	ただ事実を記しているだけの文章
社会の動向（世論や政策）		社会で起こっている事件やできごと
賛否が分かれるようなこと		賛否が明らかなこと

判断に迷ったときは「賛否を論じる意味（価値）があるか？」と考えてみるとよいでしょう。

答案の中で賛否を表明するのはどんなとき？

答案全体の流れを考えていくときには、設問が賛否の表明を求めているかどうかに関係なく「賛否をベースにした展開」の考え方を利用することができます。ただし、設問で賛否の表明が求められていないのに「賛成だ」「反対だ」と書いてしまうと、論点がわかりにくくなるなどして、採点上の減点ポイントが発生してしまう可能性が高くなります。したがって、「賛成」や「反対」という表現を答案の中で示すのは設問で求められたときだけとし、それ以外のときは他の表現を工夫するようにしましょう。

基本練習

答えは別冊10ページ

①次のテーマや題材を小論文の答案として扱うとき、「賛否の立場をもとに論ずる」パターンが利用できるかできないかを考えてみよう。

【テーマ・題材】	※どちらかに○をつけよう
「医師不足を早急に解消すべき」と述べた新聞の社説	（ 利用できる ・ 利用できない ）
医師不足の現状を報じた新聞記事	（ 利用できる ・ 利用できない ）
地球温暖化	（ 利用できる ・ 利用できない ）
地球温暖化に対する政府の取り組み	（ 利用できる ・ 利用できない ）
代理出産	（ 利用できる ・ 利用できない ）
未成年者の飲酒や喫煙	（ 利用できる ・ 利用できない ）

ヒント 「利用できる」ものは３つである。

②上の①で「利用できる」と判断したものについて、自分の立場（賛成・肯定・推進／反対・否定・廃絶）を考えてみよう。

【テーマ・題材】		【自分の立場】
［　　　　］	⟶	［　　　　］
［　　　　］	⟶	［　　　　］
［　　　　］	⟶	［　　　　］

※できれば、その立場をとった理由も明らかにしてみよう！

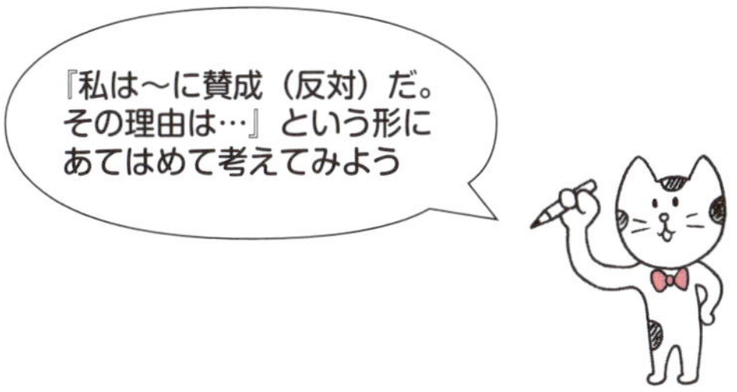
『私は～に賛成（反対）だ。
その理由は…』という形に
あてはめて考えてみよう

33 賛成の立場をとるときの展開

賛成の立場 → 主張の根拠（ここで学ぶこと） → 賛成の立場からの主張（ここで学ぶこと）

全面的な賛成では小論文になりません！

〈賛成〉の立場で論を進めていく際、「私は課題文の筆者の言っていることにすべて賛成だ」や、「政府のいまの政策に何の問題もない」といった考え方をしてしまうと、答案の中で自分の考えとして述べることがなくなってしまいます。ということはつまり、〈賛成〉といっても「全面的な賛成」ではダメなのです。

賛成の立場から答案を展開する場合の発想のコツ

〈賛成〉の立場をとりつつも自分の考えをしっかりと述べていくためには「不十分なところを補いながら、より発展させて述べていく」という展開をとることがポイントになります。

例 【もとになる内容】 → 【不足を補いつつ発展させた内容】

「△△について、今後国民全体で議論を深めるべきだ」と述べた新聞の社説 → 国民全体で議論が深まるようにするために、～していくべきだ（この部分を【結論】で「自分の主張」として述べる）

課題文が具体策をまったく挙げていない
→「具体策を示せば発展的な方向性を打ち出せるのでは？」と考える

政府の子育て支援策 → この政策を継続しつつ、さらに～な方向へと充実させるべきだ（この部分を【結論】で「自分の主張」として述べる）

政策の方向性には賛同できるがいまのままでは完璧とは言えない
→「いまの政策の延長線上ですべきことを示せば発展的な方向性を打ち出せるのでは？」と考える

〈賛成〉の立場から答案を作成するときは、【結論】で主張することを先に決めてしまうのがオススメです。「【結論】でこのことを主張するには、【本論】にはどのような根拠を示せばよいだろう？」と考えていった方が根拠と主張の対応がさせやすく、完成度の高い答案になります。（【本論】での根拠の示し方→ p.46 を参考に！）

〈賛成〉の立場から論ずるとき は → 「不足を補いつつ発展させる」方向で論を展開する！

基本練習

答えは別冊11ページ

次の内容について論ずることを想定し、答案の展開を考えてみよう。

> 地球温暖化防止のための「パリ協定」に関連して、日本政府は2030年までに13年比で温室効果ガスを26%削減する目標を国連に提出した。

↓

これを肯定的に捉え、〈賛成〉の立場から論ずる。

①このことについて、「不足を補いつつ発展させた内容」として主張できることを考えてまとめてみよう。

〔　　　　　　　　　　　　　　　　　　　　〕

ヒント 温室効果ガス削減の具体策や、その実現のために克服すべきことなどを考えて挙げてみよう。

②上の①で示した内容を結論で述べる場合、本論にふさわしい内容を考えてみよう。

〔　　　　　　　　　　　　　　　　　　　　〕

ヒント ①と「だから／なぜなら」という関係になる内容を考えてみよう。

34 第6章　賛否の立場をもとに論ずる
反対の立場をとるときの展開

反対の立場 → 難点の指摘（ここで学ぶこと） → 代案の提示（ここで学ぶこと）

全面的な反対は現実的ではありません！

ある分野の専門家が書いた文章や、様々な観点から検討され立案された政策について、それらを根底からすべて否定するための根拠を示すのは、高校生の皆さんにとっては容易なことではないはずです。そして、受験小論文には時間・字数という「壁」が存在します。そのような中で、課題文の筆者の主張にせよ政府の政策にせよ「すべてが間違っている！」と全否定するのはどう頑張っても無理があります。つまり、〈反対〉といっても「全面的な反対」ではダメなのです。

反対の立場から答案を展開する場合の発想のコツ

〈反対〉の立場をとりつつも自分の考えをしっかりと述べていくために、全体ではなく特定の部分に注目し、「どこが・なぜ悪い（ダメ）かを指摘した上で、それに代わるより良い案を示す」という展開をとることがポイントになります。「○○ではダメだ」と、ただダメ出しをするだけで自分の考えを何も示さない（示せない）展開では、説得力につながらないので、その点には十分に注意してください。

例 【もとになる内容】

「医師不足の改善のために、新たな医大の創設や医学部の定員増により、医師数を増やすべき」という考え

→

【代案として提示する内容】

この部分を【結論】で「自分の主張」として述べる

地域や診療科による医師の偏在の問題を解消することの方が医師不足の改善には有効だ

【難点として指摘する内容】

どこが悪いか……・新たな医大の創設や医学部の定員増

なぜ悪いか……
・医師が一人前になるまでに多大な時間と予算を要する
・増えた医師が、不足の地域や診療科に行くとは限らない　など

〈反対〉の立場から答案を作成するときは、ほとんどの場合「難点の指摘」にあたる内容を【本論】に、「代案の提示」にあたる内容を【結論】に示せば、根拠と主張がきちんと対応するかたちになるので、答案全体の展開の仕方に悩むことは少ないでしょう。

〈反対〉の立場から論ずるとき は →「難点を指摘した上で代案を提示する」方向で論を展開する！

基本練習

答えは別冊11ページ

次の内容について論ずることを想定し、答案の展開を考えてみよう。

> 生活保護関連の歳出抑制のため、生活保護の給付額を減額する動きが出てきている。

↓

これを否定的に捉え、〈反対〉の立場から論ずる。

①このことの難点（どこが、なぜ悪いか）として指摘できることを考えてまとめてみよう。

どこが悪いか…［　　　　］

なぜ悪いか……［　　　　］

②代案として提示できることを考えてまとめてみよう。

［　　　　］

ヒント 「給付額の減額」以外の、生活保護関連の歳出を抑制するための対策を考えてみよう。

復習問題

答えは別冊11ページ

賛否の立場をもとに論ずるときの展開で「小学生が携帯電話・スマートフォンを持つことの是非」についての答案を書くための文章展開を考えてみよう。

1

「小学生が携帯電話・スマートフォンを持つこと」に対する自分の立場を定めよう。

私は小学生が携帯電話・スマートフォンを持つことに（　賛成　・　反対　）である。

※どちらかに○をつけよう

2

1で定めた立場に従って、【本論】【結論】にふさわしい内容を考えてみよう。

【本論】［　　　　　　　　　　　　］

だから↓↑なぜなら

【結論】［　　　　　　　　　　　　］

ヒント　〈賛成〉なら結論を先に決め、それに対応する本論を考えよう。〈反対〉なら、本論には「難点の指摘」、結論には「代案の提示」にあたる内容を示そう。

※1・2の解答欄に記した内容をつなげて読んで、全体の流れがおかしくないかをチェックしよう！

左ページで考えた文章展開を、実際の答案にまとめてみよう。(600字以内)

ヨコ 10 20

10

20

30

入試レベルにチャレンジ①

答えは別冊12ページ

「マナー」について考えを述べよ。(600字以内)

(東北福祉大学)

★どのように書いたらよいかわからない場合は
→次の見開きページ「合格答案作成へのアプローチ」をチェックしてみよう!

ヨコ 10 20

10

20

30

合格答案作成へのアプローチ：「マナー」について

小論文・答案作成までのフローチャート

ステップ 1　論ずるテーマや論の方向性を決定する

（資料が与えられた場合のみ）
資料内容の把握・まとめ
▼
設問で示されたテーマの確認
（→p. 32〜）

▼

テーマの絞り込み（実際に論ずるテーマの決定）（→p. 38）

▼

論の方向性を決定（利用する展開パターンの決定）（→p. 40）

▼

ステップ2へ

ステップ 2　答案の各部に書く内容を決定する

	○ 体験談をベースに論ずるパターン	○ 社会問題を論ずるパターン	× 賛否をベースに論ずるパターン
序論	体験談を挙げる	現状の説明	立場の表明（設問で求められたとき） 賛成　反対
本論	分析・考察を示す	問題点の究明	不足を補い、発展させた内容を示す／難点を指摘し、代案を提示する
結論	まとめを示す	対策の提示	

作業と思考の流れ

●この課題では、文章や図表といった資料は与えられていないので、このステップは必要ありません。

●与えられたテーマ（マナー）を、答案中で実際に論ずるテーマへと絞り込みます。

例 マナー → 交通機関の車内マナー → 優先席／車内での化粧／携帯の通話 など

※別冊「解答例」では、本書でここまでで例として挙げなかった「イヤホンからの音漏れ」を取り上げました。

●答案中で論ずるテーマが決まったら、次はそれに関連する自分の体験や社会的事件などを考えます。

例 隣の席に座った乗客の音漏れがひどく、不快に思ったことがある。（体験談）

携帯音楽プレイヤーの音漏れに端を発する乗客どうしの傷害事件が発生した。（社会的事件）

●今回のテーマは「体験談をベースに論ずるパターン」「社会問題を論ずるパターン」のどちらでも書くことができます。（イヤホンからの音漏れで周囲の乗客に迷惑をかけることは「悪い」ことに決まっているため、「賛否をベースに論ずるパターン」は使えません。）

	体験談をベースに論ずるパターンを利用する場合 復習 →p. 56	社会問題を論ずるパターンを利用する場合 復習 →p. 66
序論	私は〜といった、車内マナーの悪さを目にした。（どうすれば改善できるか？）	車内マナーをめぐって、〜な問題が発生している。（どうすれば改善できるか？）
本論	マナーの悪い乗客を見たことで〜と考えた。	車内マナー悪化を引き起こしている原因は〜である。
結論	マナー向上のためには〜な取り組みをすべきだ。	マナー向上のためには〜な取り組みをすべきだ。

入試レベルにチャレンジ②

答えは別冊13ページ

課題文を読んで、以下の設問に答えなさい。

待たなくてよい社会になった。

待つことができない社会になった。

待ち遠しくて、待ちかまえ、待ち伏せて、待ちあぐねて、とうとう待ちぼうけ。待ちこがれ、待ちわびて、待ちかね、待ちきれなくて、待ちくたびれ、待ち明かして、ついに待ちぼうけ。待てど暮らせど、待ち人来たらず……。だれもが密かに隠しもってきたはずの「待つ」という痛恨の想いも、じわりじわり漂白されつつある。

携帯電話をこの国に住む半数以上のひとが持つようになって、たとえば待ち合わせのかたちが変わった。待ち合わせに遅れそうなら、待ち合わせ時刻のちょっと前に移動先から連絡を入れる。電話を受けたほうは、「じゃあ」と、別の用を先に片づけたり、ふとできた空白の時間を買い物や本探しやぶらぶら歩きに充てたりできる。待ち時間のすきまに、コーヒーを飲みながら、ぼんやり街ゆくひとを眺めていることもできる。待ち人は苛立《いらだ》つこともなく、待つとはなしに時間を潰せるようになった。

わが子の誕生ですら、おそるおそる待つことはない。母体に超音波を当てて、やがて生まれてくる子どもの性を知る。顔もほのかに判る。遺伝子まで判る。出生をじりじりと待つこともなく、先にいろいろ手を打てる。産着の準備、そして心の準備……。

ものを長い眼で見る余裕がなくなったと言ってもいい。仕事場では、短い期間に「成果」を出すことが要求される。どんな組織も、中期計画、年度計画、そしてそれぞれに数値目標を掲げ、その達成度を測らないといけない。考古学や古代文献学をはじめ、人類文明数千年の歴史の研究だって、数年単位で目標を立て、自己点検をし、外部評価を受けねばならなくなった。外食産業やコンビニの出店・閉店のリズムもとにかく速い。見切りが速くなり、待ってもらえなくなった。「ふるさと」のたたずまいも、いつもあるものではなく、帰郷のたびに表情を変えている。

待つことができなくなったのはなにも組織だけではない。たとえばパソコンの操作。新しい機種を知ってしまうと、ちょっと古い型のコンピュータの変換操作を待っていられない。数秒の間がじれったくなり、指が机を叩き、脚が小刻みに震えだす。テレビのコマーシャルも、辛抱できるのはせいぜい十数秒。テレビが出たての頃は、風邪薬のコマーシャル・ソングもなんと三番まで歌っていた。いま流れるのは一曲のさびの部分だけだ。そしてなによりも、子どもが何かにぶち当たっては失敗し、泣きわめいては気を取りなおし、紆余《うよ》曲折、右往左往したはてに、気がついたらそれなりに育っていたというような、そんな悠長な時間など待てるひとはいなくなっている。高齢者の介護も、そう。はてしないそのプロセスのなかで「まあ、しゃあないなあ、えろう世話にもなったし、おたがいさまやし……」とついに覚悟を決めるより先に、解決のための方策をさぐっている。「いよいよか……」と血相を変えて。

かつて「待つ」ことはありふれたことだった。一時間に一台しか来ない列車を待つ、数日後のラブレターの返事を待つ、果物の熟成を待つ、酒の発酵を待つ、相手が自身で気づくまで待つ、謹慎処分が解けるのを待つ、刑期明けを待つ、決定的現場を押さえるために待ち伏せる（かつて容疑者を追って、同じホテルに一年間張り込んだ刑事がいた）。万葉集や古今和歌集をはじめ、待ち遠しさを歌うことが定番であるような歌謡の手管《てくだ》があった。待ちこがれつつ時間潰しをすること、期待しながら不安を抱くこと、そんな背反する想いが「文化」というかたちへと醸成された。喫茶店はそんな「待ち合い」の場所だった。農民や漁師、そしてウェイター（まさに「待ち人」）といった「待つ」ことが仕事であるような職業があった。相撲でも囲碁でも「待った」できないという強迫がひとを苛《さいな》んだ……。そんな光景もわたしたちの視野から外れつつある。

みみっちいほど、せっかちになったのだろうか……。

せっかちは、息せききって現在を駆り、未来に向けて深い前傾姿勢をとっているようにみえて、じつは未来を視野に入れていない。未来というものの訪れを待ち受けるということがなく、いったん決めたものの枠内で一刻も早くその決着を見ようとする。待つというより迎えにゆくのだが、迎えようとしているのは未来ではない。ちょっと前に決めたことの結末である。決めたときに視野になかったものは、最後まで視野に入らない。頑《かたく》なであり、不寛容でもある。やりなおしとか修正を頑として認めない。結果が出なければ、すぐに別のひと、別のやり方で、というわけだ。待つことは法外にむずかしくなった。

「待たない社会」、そして「待てない社会」。

意のままにならないもの、どうしようもないもの、じっとしているしかないもの、そういうものへの感受性をわたしたちはいつか無くしたのだろうか。偶然を待つ、じぶんを超えたものにつきしたがうという心根をいつか喪《うしな》ったのだろうか。時が満ちる、機が熟すのを待つ、それはもうわたしたちにはあたわぬことなのか……。

（鷲田清一『「待つ」ということ』2006年　角川選書）

問　「待つ」ということの意義について、あなたの体験や見聞を交えて、600字以内で論述しなさい。

（都留文科大学・改）

★どのように書いたらよいかわからない場合は
→次の見開きページ「合格答案作成へのアプローチ」をチェックしてみよう！

ヨコ

合格答案作成へのアプローチ：「待つ」ことについて

小論文・答案作成までのフローチャート

ステップ 1　論ずるテーマや論の方向性を決定する

（資料が与えられた場合のみ）
資料内容の把握・まとめ
▼
設問で示されたテーマの確認

（→p. 32～）

▼

テーマの絞り込み（実際に論ずるテーマの決定） （→p. 38）

▼

論の方向性を決定（利用する展開パターンの決定） （→p. 40）

▼

ステップ2へ

ステップ 2　答案の各部に書く内容を決定する

	○ 体験談をベースに論ずるパターン	× 社会問題を論ずるパターン	× 賛否をベースに論ずるパターン	
序論	体験談を挙げる	現状の説明	立場の表明（設問で求められたとき） 賛成	反対
	↓	↓	↓	↓
本論	分析・考察を示す	問題点の究明	不足を補い、発展させた内容を示す	難点を指摘し、代案を提示する
	↓	↓		
結論	まとめを示す	対策の提示		

作業と思考の流れ

●この課題は、資料（文章）を伴うものなので、まずその内容を把握し、その内容を「筆者は～と主張している」といったかたちで整理します。
指定されたテーマは、設問にあるとおり「『待つ』ということの意義」になります。

●設問の中に、もう１つの指定として「あなたの体験や見聞を交えて」とあります。したがって、利用する展開パターンはおのずから「体験談をベースに論ずる」ものに絞り込まれます。

●「待つことの意義」を「体験談をベースに論ずるパターン」で書くことが決まったら、次は「待つ」ことに関する体験談を考えます。

例　部長として部全体の結束を高めるため、結果を急がず下級生の成長を待った。
子どもの頃、待つことができずに失敗してしまった。

●ステップ１の段階で「体験談をベースに論ずるパターン」を利用すると決定できているので、あとはそれに従って「体験談→分析・考察→まとめ」で展開していきます。

序論	部長として部をまとめなければならない立場になったとき、下級生に指示・命令するのではなく、時間をかけて下級生の自覚を促すようにし、その結果、部の結束が強まった。
本論	待つことによって私は～という成長を遂げることができた。それだけでなく、私に待たれる立場であった下級生たちも～な成長を遂げることができた。
結論	以上のことから、待つことの意義は～な点にあると考える。

答えは別冊15ページ

入試レベルにチャレンジ③

次の資料をもとに、夫婦別姓に対するあなたの賛否と、その立場から考えたことを、600字以内で述べなさい。

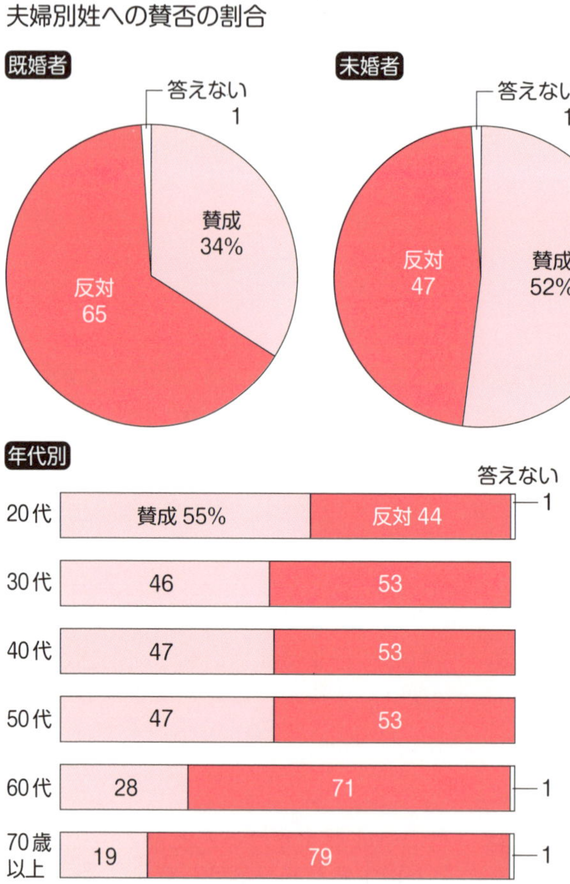

（読売新聞　2016年3月2日付朝刊）

（オリジナル）

★どのように書いたらよいかわからない場合は
→次の見開きページ「合格答案作成へのアプローチ」をチェックしてみよう！

ヨコ

10 20

10

20

30

合格答案作成へのアプローチ：「夫婦別姓」について

小論文・答案作成までのフローチャート

ステップ 1　論ずるテーマや論の方向性を決定する

（資料が与えられた場合のみ）
資料内容の把握・まとめ
▼
設問で示されたテーマの確認 （→p. 32〜）

▼

テーマの絞り込み（実際に論ずるテーマの決定） （→p. 38）

▼

論の方向性を決定（利用する展開パターンの決定） （→p. 40）

▼

ステップ2へ

ステップ 2　答案の各部に書く内容を決定する

	× 体験談をベースに論ずるパターン	× 社会問題を論ずるパターン	○ 賛否をベースに論ずるパターン	
序論	体験談を挙げる	現状の説明	立場の表明（設問で求められたとき） 賛成 ↓	反対 ↓
本論	↓ 分析・考察を示す	↓ 問題点の究明	不足を補い、発展させた内容を示す	難点を指摘し、代案を提示する
結論	↓ まとめを示す	↓ 対策の提示		

作業と思考の流れ

- この課題は、資料（グラフ）を伴うものなので、まずその内容を把握し、その内容を「資料から～が読み取れる」といったかたちで整理します。
指定されたテーマは、設問からもわかるとおり「夫婦別姓」です。

- 設問の中に「あなたの賛否と、その立場から考えたこと」という指定があります。したがって、「賛否をベースに論ずる」展開パターンを利用するのが最適であると判断できます。

- 「夫婦別姓」について「賛否を表明し、その立場からの考え」を書くことが決まったら、次は「賛成」「反対」どちらの立場から論ずるかを考えます。

- ステップ１の段階で「賛否をベースに論ずるパターン」を利用すると決定できているので、あとはそれに従って「序論で立場を表明→本論＆結論はその立場にふさわしい内容」で展開していきます。

	賛成の立場から	反対の立場から
序論	私は夫婦別姓に賛成である。	私は夫婦別姓に反対である。
本論	夫婦別姓には～メリットがあるが、 実現には～という課題が残される。	夫婦別姓を法的に認めると ～といった問題が生じてしまう。
結論	夫婦別姓を実現していくため、 ～な対策を講じていくべきだ。	夫婦別姓の法制化ではなく、 ～な方法で対処すべきだ。

答えは別冊16ページ

入試レベルにチャレンジ④

「人が人を支援するということ」について、あなたの考えを800字以内で述べなさい。

なお、以下の内容を含み、多様な側面から検討すること。
- ・今までのあなたの経験の提示
- ・社会的事象の引用
- ・支援することによって生じる矛盾の指摘

(千葉大学・改)

ヨコ

10 20
20
30
40

入試レベルにチャレンジ⑤

答えは別冊18ページ

次の文章を読んで、あとの問いに答えなさい。

たとえば、環境問題はいま、人間にとって大きな課題だといえるでしょう。しかし、環境問題はヨーロッパ的なキリスト教的文化観では解決できない、と私は思っています。というのは、ヨーロッパの人たちの考えかたのなかには、人間中心主義というものが抜きがたくあるからです。

この地球上で、あるいは宇宙のなかでの主人公は人間である、という考え方が西欧には根源にあります。これはルネッサンス以来の人間中心主義の思想の根底《こんてい》にある、といえるでしょう。その人間の生活に奉仕《ほうし》するものとして、人間以外の動物があり、植物があり、鉱物などがある。もちろん、水も空気も山も海も、です。これが、人間中心主義の考え方です。この思想にのっとって、近代というのは、人間の生活を豊かにする目的で、地球に存在するあらゆるものを酷使《こくし》してきました。

そこから引き起こされたのが環境問題です。そのため、これまで大事な地球の資源というものをつい使いすぎてしまった、という反省が生まれました。これ以上、森林の木を伐《き》ったり、水や空気を汚して環境を破壊すると、最終的には人間の生活までおびやかすことになってしまう、ということです。

つまり、いちばん大事な人間の生活を守るためには、もっと自然環境を大事にしなければならない。これが、ヨーロッパ流の環境主義の根源にある考えかただと思います。

そこでは、あくまでも主役は人間なのです。人間の生活の豊かさを保障するために、限られた自然を大切にする。動物も植物も畑も野も山も、すべては人間のために奉仕するものだ、そのように扱われることが善《ぜん》だ、という前提があるわけです。

それに対して、私たちはそうではないだろうと考えます。

東洋には、たとえば、仏教もそうですけれども、自然のすべてのなかに生命がある、と考える思想があります。

仏教の「草木国土悉皆成仏《そうもくこくどしつかいじょうぶつ》」「一切衆生悉有仏性《いっさいしゅじょうしつうぶっしょう》」という言葉があらわしているのは、山も川も草も木もけものも虫も、すべてのものは仏性をもっている、ということです。つまり、自然のすべてのものは、石ひとつにしても尊い生命をもっている。こういう考えかたが、仏教のなかにはあるといっていい。

人間に命があるのと同じように、川にも命があり、海にも命があり、森にも命がある。そうなると、命のあるもの同士として、片方が片方を搾取《さくしゅ》したり、片方が片方を酷使するというような関係は間違っているのではないか。もっと謙虚《けんきょ》に自然と向き合うべきではなかろうか、と。こういう考えかたのほうが、新しい時代の環境問題には可能性がある、という気がしてなりません。

自然のなかに生命があるという「アニミズム」と呼ばれてきた考えかたは、おくれた思想なのでしょうか。それどころか、むしろ二十一世紀の新しい可能性を示す考えかたになってくるのではないか、そんなふうにも思えるのです。

（五木寛之『運命の足音』より　2003年　幻冬舎）

問　下線部「こういう考えかたのほうが、新しい時代の環境問題には可能性がある」に対してあなたはどう考えるか。自分の立場（賛成か、反対か、中立か）を明らかにし、その立場をとる根拠とその立場から環境問題に提言できることを600字以内で述べなさい。

（茨城県立医療大学）

ヨコ

大学入試

小論文をひとつひとつわかりやすく。

解答&解説

Gakken

01 主語―述語をきちんと対応させるには？

▶問題は本冊p.011

解答例 ①いつも子どもたちの親身になって話を聞いてあげる教師だ。

解説 「理想とする教師像は」という主語に対応するよう、文末の述語を書き換える。

解答例 ②3月末日だ。

解説 「有効期限は」と「使うことができる」が意味の重複になっているので、文末を書き換える。

解答例 ③顧問の先生がつねづね言っていた「武道は礼に始まり礼に終わる」ということだ。

解説 「学んだことは」が文全体の大きな主語になっているので、それに対応するよう文構造や述語を書き換える。

解答例 ④児童虐待の分類には身体的虐待・心理的虐待・性的虐待・ネグレクトの4つがあり、児童虐待は新聞やテレビなどでたびたび報道されている。

解説 「分類には―～があり」のように主語と述語を対応させる。「報道されている」の方には対応する主語がないので、主語を補う。

02 修飾語のかかり受けって？

▶問題は本冊p.013

解答例 ①（1）1週間前に友人から借りた本を、紛失したことに気づいた。

（2）友人から借りた本を、1週間前に紛失したことに気づいた。

（3）友人から借りた本を紛失したことに、1週間前に気づいた。

解説 読点の打ち方や「1週間前に」という語を置く位置に注意して、かかり受けを明確にする。

解答例 ②罫線の引かれた青い紙に書く。

③車の運転手が、負傷した自転車の少年と一緒に来院した。

解説 ②・③とも、語順を変更することでかかり受けを明確にする。

03 読点を正しく用いるには？

▶問題は本冊p.015

解答例 ①姉はしっかり者だが、私は幼稚園生の頃までとても甘えん坊だった。

解説 「姉は―しっかり者だ」「私は―甘えん坊だ」という2組の主語―述語があるので、その切れ目に読点を打つ。

解答例 ②母は、泣きながら通園バスに乗る私を見送る毎日だったという。

解説 「母は泣きながら、」としてしまうと、母が泣いていることになってしまう。

解答例 ③しかし、小学生のときに山村留学を経験したことが、その後の私を大きく変えた。

解説 接続語「しかし」の後、主語にあたる部分が長いのでその後、2か所に読点を打つ。

04 文をうまく切ってつなげるには？

▶問題は本冊p.017

解答例 ①（1）世代を超えた貧困の連鎖は問題であり、それをくい止めるための積極的な施策が必要だ。

（2）私は高校2年生の夏休みにオーストラリアに短期留学し、そこでは様々な経験をすることができた。

解説 （1）・（2）とも、重複する語を指示語によって置き換える。

解答例 ②（1）しかし／ところが／だが　など

（2）なぜなら

（3）したがって／だから／ゆえに　など

解説 （1）は前後が逆の立場のことを述べている。（2）は文末に「から」があるので、理由を表している。（3）は前で述べたことから結論を導いている。（1）で「けど・なのに」、（3）で「なので」とするのは、後の単元で学ぶ「くだけた言葉や会話調の表現」になってしまうので不適切であることにも注意しよう。

05 丁寧な言葉づかいは不要！

▶問題は本冊p.019

解答例 ①小学校の頃から、子どもの成長に関わる仕事に就きたいと思っていた。高校生のいま、それを実現するため、教育学部に進学し教師になりたいと考えている。

解説 敬体を常体に直す。文末「考えている」は「考える」としてもよい。

解答例 ②ミャンマーの民主化運動の指導的存在であるアウン・サン・スー・チーは、かつて来日した際、インタビューの中で「人生で大切なのは『したいこと』をするのではなく、『やるべきこと』をすること」と言っていた。

解説 「女史」という表現は敬称にあたるのでカットする。「おっしゃる」というのは敬語なので通常の言い方に改める。

解答例 ③小学生の頃、入院したときに出会った女性医師や看護師たちの存在が、私が医療職に興味を持つきっかけとなった。

解説 「女医さん」「看護師さん」という表現は小論文にふさわしくないので書き改める。

06 くだけた言葉や会話調はダメ！

▶問題は本冊p.021

解答例 ①高齢者の孤独死が、最近新聞でよく報道される。（最近新聞で、高齢者の孤独死がよく報道される。）

解説 「体言止め」にならない文末表現を考える。

解答例 ②現在の日本社会は昔と違って（違い）、独り暮らしの高齢者が多くいる。

解説 「違くて」という表現は書き言葉として不適切であるため書き改める。

解答例 ③身寄りのない高齢者が住み慣れた我が家で安心して居られるよう、政府は様々な対策を講ずる必要がある。

解説 「ら抜き言葉」は小論文答案では不適切であるため書き改める。

07 漢字かひらがなか、それが問題！

▶問題は本冊p.023

解答例 ①（1）適応する／適合する／一致する　など
（2）獲得する／手に入れる　など
（3）いまだかつてない
（4）行き詰まる
（5）衝撃（的）／驚くべき　など

解説 （1）・（2）はカタカナ語を別の語に言い換える。（3）～（5）はひらがな部分が不適切なため、単語全体を別の語に言い換える。

解答例 ②（1）温室効果ガスの排出量が増大していく現状を、放置するわけにはいかない。
（2）生活習慣病というものは、発症してからではなく、若いうちから予防することが必要だ。しかしながら、そのことに気づいている人は少ないというのが問題である。

解説 漢字で表記するのが不適切な語句をひらがなに書き改める。

08 原則は「1マス1文字」だが、例外に注意！

解答例

▶問題は本冊p.025

	今	の	私	の	生	き	方	に	最	も	影	響	を	与	え	た	人	物	は、
中	学	校	の	と	き	に	生	徒	会	の	役	員	と	し	て	ボ	ラ	ン	テ
ィ	ア	活	動	を	行	っ	た	際	に	、	福	祉	施	設	で	出	会	っ	た
一	人	の	車	い	す	の	青	年	で	あ	る	。							
	そ	の	青	年	と	初	め	て	会	話	し	た	と	き	、	彼	が	「	世
間	の	人	達	が	、	障	害	者	を	差	別	す	る	の	が	許	せ	な	い。」
と	語	っ	て	い	た	こ	と	を	私	は	今	で	も	は	っ	き	り	と	記
憶	し	て	い	る	。	そ	れ	が	、	「	健	常	者	と	障	害	者	」	に
つ	い	て	考	え	る	き	っ	か	け	と	な	っ	た	の	だ	。			

解説 行の最後のマスには、「文字と記号は同居ＯＫ」「文字どうしは同居ＮＧ」というルールを再確認しよう。

09 数字の扱い方に注意！

解答例

▶問題は本冊p.027

（横書き）

	地	球	温	暖	化	防	止	へ	の	国	際	社
会	の	取	り	組	み	と	し	て	、	19	97	年
12	月	に	採	択	さ	れ	た	「	京	都	議	定
書	」	が	あ	る	。							
	し	か	し	、	こ	の	議	定	書	に	は	多
く	の	問	題	が	存	在	し	た	。			

解説 横書きのときは算用数字を用い、数字は１マスに２字入れる。縦書きのときは漢数字を用いる。この３点に注意しよう。

（縦書き）

し		議	し	
た	し	定	て	地
。	か	書	、	球
	し	」	一	温
	、	が	九	暖
	こ	あ	九	化
	の	る	七	防
	議	。	年	止
	定		十	へ
	書		二	の
	に		月	国
	は		に	際
	多		採	社
	く		択	会
	の		さ	の
	問		れ	取
	題		た	り
	が		「	組
	存		京	み
	在		都	と

10 英単語や略語はどうするの？

解答例

▶問題は本冊p.029

（横書き）

	20	14	年	の	第	5	次	I	P	C	C
報	告	で	は	「	人	間	の	影	響	が	20
世	紀	半	ば	以	降	に	観	測	さ	れ	た
温	暖	化	の	支	配	的	な	（	do	mi	na
nt	）	要	因	で	あ	っ	た	可	能	性	が
極	め	て	高	い	」	と	さ	れ	た	。	
	こ	れ	は	、	第	4	次	の	報	告	と
比	べ	る	と	、	よ	り	踏	み	込	ん	だ
表	現	と	な	っ	て	い	る	。			

（縦書き）

み		能	暖	間	
込	こ	性	化	の	二
ん	れ	が	の	影	〇
だ	は	極	支	響	一
表	、	め	配	が	四
現	第	て	的	二	年
と	四	高	な	〇	の
な	次	い	（	世	第
っ	の	」	do	紀	五
て	報	と	mi	半	次
い	告	さ	na	ば	I
る	と	れ	nt	以	P
。	比	た	）	降	C
	べ	。	要	に	C
	る		因	観	報
	と		で	測	告
	、		あ	さ	で
	よ		っ	れ	は
	り		た	た	「
	踏		可	温	人

解説 「ＩＰＣＣ」は略称なので１マスに１字で、他の文字と同じ向きで書く。一方「dominant」は英単語のつづりなので１マスに２字で書き、縦書きの場合でも横書きにしなければならない。

20世紀の漢数字の表記は、「二〇世紀」でも「二十世紀」でもよい。

11 文章が与えられた場合にすべきこと

▶問題は本冊p.033

解答例 ①天才とは、もって生まれた才能の多い人のことではなく、上達力を身につけた上達の達人のことである。(47字)

解説 文章の中心を最も簡潔にまとめるなら「天才とは上達の達人である」となる。これに若干の肉付けをして、設問の指定する50字に近づければよい。

解答例 ②天才とは、無意識で何事かをなしとげてしまうような、もって生まれた才能の多い人だと思われがちである。しかし実際には、通常では考えられないレベルまで意識を働かせている、上達の達人なのである。(93字)

解説 ①の内容にさらに肉付けをして、設問の指定する100字に近づければよい。

12 図表が与えられた場合にすべきこと

▶問題は本冊p.035

解答例 ①医師の総数と人口10万人あたりの医師数、どちらも一貫して増加傾向にある。(35字)

解説 棒グラフ(医師数)、折れ線グラフ(人口10万対医師数)ともに右肩上がりである点に注目する。

解答例 ②男子に比べ、女子の方が自分の人間関係や性格、外見でより多く悩みを抱えている。(38字)

解説 男女別にまとめられているので、男女間で大きく差がついている項目に注目する。表の中の「項目」部分の表現をそのまま使うと字数が長くなりすぎてしまうため、50字にまとめるためには相当に表現の工夫が必要である。

13 答案中での資料への触れ方

▶問題は本冊p.037

解答例 ①グラフから、平成4年からの20年間、医師の総数と人口10万人あたりの医師数はどちらも一貫して増加傾向にあることが読み取れる。(60字)

解説 グラフが与えられているので「グラフから～が読み取れる。」という形でまとめる。解答例より字数が長くなるようであれば、先にグラフの説明を2文程度に分けて書き、その後に「以上のことがグラフから読み取れる。」と付け足してもよい。

解答例 ②女子の方が、周囲の人間に好かれることに関して多くの悩みを抱えている。また、性格や容姿に関しても女子の方が多く悩んでいる。以上のことが資料から読み取れる。(76字)

解説 100字あればやや細かく資料に言及することが可能であるので、項目1～3の「人間関係」に関する悩みと、9～11の「性格・外見」に関する悩みとに分けてまとめるとよい。

14 テーマの絞り込み

▶問題は本冊p.039

解答例 ①「現代社会におけるマナーの問題」→公共交通機関の車内でのマナー→車内で化粧することについて→車内での化粧をなくすためには?

②「自立」→親からの自立→就業しているのに親元で暮らし親から経済的に自立しようとしない「パラサイト」と呼ばれる若者について→そのような若者をどう自立させるか?

③「豊かさ」→先進国と途上国の貧富の格差→途上国の「豊かさ」の実現→そのために我が国が貢献できることは?

解説 解答はあくまで例である。小論文では与えられたテーマに関して何通りもの切り口が存在するので、自分が考えたことや解答例以外の可能性についても考えてみよう。

15 論の方向性を考える

▶問題は本冊p.041

解答例 ①「現代社会におけるマナーの問題」→車内での化粧をなくすためには?→(体験談)車内で化粧している乗客と他の乗客の間でのトラブルを目撃した。

②「自立」→パラサイトの若者をどう自立させるか?→(社会的事件)親と同居する未婚者の割合は年々増加している。

③「豊かさ」→途上国の豊かさの実現のために我が国が貢献できることは?→(色々な立場)技術や資金を援助することのメリットとデメリット。

解説 前の単元と同様、他の可能性についても考えてみよう。

16 序論① 失敗しない「問い」の立て方

▶問題は本冊p.043

解答例 ①金銭的な不安を抱えることなく豊かな老後を過ごすためには、社会保障制度をどう変えればよいだろうか。

②未成年者が喫煙に興味を持たないようにするためには、どのような教育が必要だろうか。

③代理出産をめぐるトラブルを未然に防ぐためには、どのような制度を作るべきか。

17 序論② 序論の展開の仕方

▶問題は本冊p.045

解答例 ①職に就いているにもかかわらず、親と同居しながら豊かな生活を謳歌する「パラサイト」と呼ばれる未婚者の割合が年々増加しているという報道を目にした。このような若者を、親から経済的に自立させるためには、どのような社会的対策を講ずるべきだろうか。(118字)

解説 題名だけが与えられているので、「事例を挙げる→問いを立てる」という流れで書けばよい。

解答例 ②グラフから、日本の総人口は2010年を境に減少する一方、高齢化率は今後ますます上昇していく予想であることが読み取れる。最近では過疎化や高齢化に伴う人口減少でコミュニティとしての存続が危ぶまれる「限界集落」が増えてきている。このような状況に、どう対処していけばよいだろうか。(134字)

解説 解答例は「資料をまとめる→事例を挙げる→問いを立てる」の流れで構成した。字数によっては「資料をまとめる→問いを立てる」という構成にすることもできる。

18 本論① 根拠と主張の対応

▶問題は本冊p.047

解答例 ①(オープンキャンパンスに参加した。)そこで在学生から話を聞くことで、大学の学習環境が充実しており、自分が学びたいことが実現できると考えた。

解説 オープンキャンパスに参加したという体験談だけでは根拠として不十分であるので、「そこから考えた」こと(=体験談に対する考察)を付け足して述べればよい。

解答例 ②地球の生態系が破壊されてしまえば、我々人類の生存も不可能になる。

解説 「かわいそうだ」では主観的で根拠に乏しいので、より客観的な内容に書き改める。

解答例 ③いじめを受けていた私の友人は、その些細な変化に気づいた保健室の先生が心配して声をかけたことがきっかけで、いじめを克服することができた。

解説 根拠→主張は「だから・したがって」、主張→根拠は「なぜなら」で接続できる内容でなければならない。もとの文はそれが成立していないので、成立するかたちに書き改める。

19 本論② 根拠の充実のさせ方

▶問題は本冊p.049

解答例 ①無年金や低年金では老後の生活が成り立たないおそれがある。

②現在のペースで温暖化が進めば、2100年までに海面は約1メートル上昇し、世界の広範囲に水没する地域が生まれるという調査結果が出ている。

20 結論① ストレートでインパクトのある主張

▶問題は本冊p.051

解答例 ①出生率の回復のため、安心して子を産み育てられる体制を作ることが必要だ。

解説 文末は「作るべきだ」「作らねばならない」などの言い方でもよい。

解答例 ②温暖化対策を実効性のあるものとするため、世界各国が足並みをそろえなければならない。

解説 文末は「そろえるべきだ」「そろえることが重要だ」などの言い方でもよい。

解答例 ③未成年者の飲酒や喫煙を防ぐための方法として、周囲から酒やタバコを勧められたときの断り方を教えることが重要だ。

解説 文末をただ「教えることが重要だ」「教えるべきだ」などとしただけでは、文全体のかかり受けが不適切になってしまう。そのため、「防ぐための方法は」という部分を解答例のように「防ぐための方法として」、あるいは「防ぐために」などと書き改める必要がある。

21 結論② 主張のNGパターン

▶問題は本冊p.053

解答例 ①私は、代理出産を法規制することが必要だと考える。

解説 「私は」と「と思う」をカットして「代理出産を法規制することが必要だ。」としてもよい。

解答例 ②小学校において英語を必修科目にすることは不必要である。

解説 文末が疑問形だと表現としての説得力に乏しいので、疑問形でないかたちに書き改める。

解答例 ③教師は、子ども一人ひとりの個性を伸ばしていくことが大切だ。

解説 「〜かもしれない」という曖昧な表現をカットすることで、表現としてよりよいものとなる。

22 結論③　結論の展開の仕方

▶問題は本冊p.055

解答例 ①学校教育の中で障害について学んだり障害者と触れ合う時間を設けたりすることで、障害の有無にかかわらず同じ人間なのだと理解できる環境を整えることが必要だ。

②政府は、待機児童の解消に向けて、もっと積極的な取り組みを行うべきだ。
（そのために）子ども・子育て関連の予算を拡大し、保育施設の増設と保育士の増員を行うことが必要だ。

③非喫煙者がタバコの臭いや煙によってどれほど不快な思いをしているかを理解させるための広報活動を行ったり、マナー違反に対する罰則を強化したりすることが必要だ。

解説 ①〜③のいずれも、単独では主張としての具体性に欠ける内容である。そこで、より具体的な方策を示す方向で補足することを考えていけばよい。

24 序論　体験談の選び方・挙げ方

▶問題は本冊p.059

解答例 ①「一致団結」「恒産なきものは恒心なし」「If you can dream it, you can do it.」

解説 座右の銘として小論文の答案に挙げるのに適切なものであればよい。

解答例 ②「一致団結」→部活の試合に勝った、「恒産なきものは恒心なし」→漢文の授業で学んだ、「If you can 〜」→ウォルト・ディズニーについて書かれた本の中で見かけた

解説 これも、挙げようとする座右の銘に結びつくものであれば何でもよい。

解答例 ③私は中高とも女子バレーボール部に所属し、高２の秋からは部長として部全体を統括する立場でもあった。ある大会の直前に、チームの主力選手の１人がケガをしてしまい、ベスト８の目標達成どころか大会出場さえ危ぶまれたことがあった。しかし、部長の私も諦めかけていたその状況の中、主力選手の穴を埋めるためにどうすべきかを下級生も含めた部全体が一丸となって考え行動し、その結果、目標を達成することができた。(194字)

解説 解答例は「一致団結」という座右の銘について、部活動の体験を挙げたものである。

25 本論　分析・考察の示し方

▶問題は本冊p.061

解答例 ①・解決のための道を見つける上で、チームワークは不可欠だ
・解決のための話し合いは、自分にない新たな視点を与えてくれる

解説 ただの「気持ち・感想」と受けとられる「〜と思った・感じた」「驚いた・感動した」といった表現にならないように気をつけよう。

解答例 ②・チームで力を合わせることの大切さを改めて知った
・目標達成のためのリーダーシップが今までより発揮できるようになった

解説 「自分に起きた変化・成長」として答案に示すのにふさわしい内容かを確認しよう。

解答例 ③私は、部員の力を借りて難局を切り抜けたこの経験を通じて、チームが一丸となって目標達成に向けて力を合わせることが大切であることを改めて学んだ。問題解決のためにチーム内で討議を重ねることは、様々な考え方に耳を傾けることを通じて、自分にはなかった視点や発想に気づくことを可能としてくれる。そして、そこから見いだした解決のための方策にチーム全体で取り組むことで、チーム内の結びつきもより一層強固となる。(197字)

26 結論　主張の示し方

▶問題は本冊p.063

解答例 ①私の座右の銘は「一致団結」という言葉である。

②（本論の中心）チームが一丸となることで困難な目標が達成できる。
（結論の中心）私の座右の銘は「一致団結」という言葉である。

③このように、独力では解決の糸口がまったく発見できないようなことであっても、チームワークで解決できることがあるのだ。以上のことから、私にとっての座右の銘とは、高校での部活の経験から得ることのできた「一致団結」という言葉である。(112字)

解説 ①で考えた「結論の中心」をそのまま書いてしまうと段落の字数が短すぎるので、字数をふくらませるために付け足すことのできる内容を考える。

第4章　復習問題

▶問題は本冊p.064

解答例 1　私は地元の老健施設でボランティアの体験をした。

2　その体験を通じて、高齢者は施設よりも在宅の方が幸福度が高いと考えた。

3　以上のことから、私の「自分の将来像」は、在宅介護のサポートをする医療・介護職である。

私は高校生のとき、ボランティア活動の一環で地元の介護老人保健施設を訪れ、そこに入所している高齢者をボランティアスタッフとしてサポートした。その中で、多くの高齢者が共通して口にしたことがあった。それは、加齢によって身体能力が衰えても、老人ホームや介護施設に入所するのは不本意であり、住み慣れた自宅で過ごし、できればそこで最期を迎えたいという願いであった。

この体験を通じて、私は現在の我が国における高齢者の最期のあり方について考えさせられた。高齢化率が世界の中でも飛び抜けて高い我が国では、今後ますます施設が不足するのは予想に難くない。施設から在宅への転換は政策的には進められているものの、十分に実現されているとは言えない。よく「畳の上で死にたい」という言葉が使われるが、実際は病院で最期を迎える人が８割を超えている。何らかのサポートが必要であったとしても、住み慣れた自宅でできる限り長い時間を過ごすことができるようにすることは、高齢者本人の幸せにもつながると考える。

以上のことから、私が考える「自分の将来像」とは、高齢者の在宅ケアをサポートし、そのことを通じて高齢者の幸福を増進することに貢献できるような存在になることであり、そのために医療・介護に関係する職に就くことである。(537字)

28 序論　現状の説明

▶問題は本冊p.069

解答例 ①・「ネットいじめ」の被害が増加しているという報道を目にした

・クラスメートがいじめによって不登校になりそうだったと話していた

・通っていた学校でいじめが発生したが、教師の対応が適切ではなかった

解説 いじめに関して、どのような「悪いこと・困ったこと」があるかを考えてみる。

解答例 ②小中学生の間にはびこる悪質ないじめの一例として、テレビや新聞では、ネットを利用したいじめが取り上げられることが多い。私の友人も、かつてＳＮＳで悪口を言われたことがあり、不登校になりそうなほど悩んだと話していた。(105字)

解説 ①で挙げた３つをすべて扱うと字数が長くなりすぎるので、２つを取り上げて100字程度にまとめたのが上の例文である。

解答例 ③このような「ネットいじめ」をなくすためには、どのような取り組みをすべきだろうか。

解説 実際の答案では、②と③をつなげて書けば【序論】が完成する。

29 本論　問題点の究明

▶問題は本冊p.071

解答例 ①・面と向かってよりネットの方が悪口が言いやすい

・ネットで悪口を言うことでストレスを解消している

解説 前の単元で「いじめ」の中でも「ネットいじめ」について論ずることを選択したので、その流れに沿って「ネットいじめ」が生じる原因について考え、簡潔にまとめてみる。

解答例 ②・子どもの間にもケータイやスマホが普及した

・ネットでは悪口が増長しやすく、いったん火がつくとなかなか収束しない

・ケータイやスマホの利用上の注意に対する教育が不十分である

解説 小論文には、「これを書けばよい」という明確な正解は存在しない。論ずる上での切り口はいろいろあるので、他のものについても考えてみよう。

解答例 ③悪口を言うにせよ無視するにせよ、かつてのいじめは、現実世界の中で相手に直接行われるものだった。しかし今では、ネット上に悪口を書き込んだりＳＮＳでグループから外したりといったように、ネットという仮想世界へといじめの場が変化している。相手が目の前にいるときにははばかられるような発言も、匿名のネット上なら気軽に行えてしまう。しかも、そのような発言に同調するような書き込みがあれば、悪口は増長し歯止めがきかなくなるのだ。このような状況は、小中学生でも携帯電話やスマートフォンを所持することが当たり前になったのに、それを利用する上で注意すべきことが十分

に教えられていないことから生じたものだ。(292字)

30 結論　対策の提示

▶問題は本冊p.073

解答例 ①（本論の中心）いじめが発生する原因は、携帯電話やスマートフォンが普及したのに、使い方の注意点について教育が不十分なことである。

（結論の中心）解決のため、携帯電話やスマートフォンとの付き合い方をきちんと指導すべきだ。

解説 【本論】と【結論】が内容的にきちんと対応するかどうかを確認する。

解答例 ②中学の技術家庭や高校の情報といった科目で学ぶような内容を、小学生のうちに学ぶ機会が必要だ。

解説 ①で考えた「大きな方向性」だけでは結論の内容が薄く不十分であるので、それに付け足す内容として、より具体的な対策を考えてみる。

解答例 ③したがって、悪質な「ネットいじめ」をなくすためには、子どもたちに携帯電話やスマートフォンとの付き合い方をきちんと指導していくことが必要だ。中学校の技術家庭や高校の情報といった科目では、ネット上の情報を利用する上で気をつけるべきことを教えている。それと同じような内容を、小学生のうちから学齢にあったかたちで学ぶ機会を作っていくべきだ。(166字)

第5章　復習問題

▶問題は本冊p.074

解答例 1　いま、地球温暖化対策の新たな世界的枠組みが注目されている。

2　地球温暖化を引き起こしている原因は、地球規模で解決を考える視点が不十分だったことである。

3　この問題を解決するために、広域的かつ長期的視点が必要だ。

2015年末の気候変動枠組条約締約国会議で、新たな温暖化対策の取り決めとして、世界全体で産業革命前からの気温上昇を２度以内に抑えるための「パリ協定」が成立した。京都議定書に代わって生まれた、この新たな世界的温暖化対策を成功させるために、我が国は国際社会でどのような役割を果たすべきだろうか。

従来の温暖化対策は京都議定書の枠組みで行われてきた。しかし、これは先進国を中心としたものであり、インドや中国といった温室効果ガス排出量の多い国が対象になっていなかったり、アメリカが加わらなかったりという欠陥があった。ある国が排出した温室効果ガスは結果として地球全体の気温上昇を招くものであり、自国の経済成長を優先することは適切でない。また、排出された温室効果ガスは長期にわたって環境中に残存し、将来の世代にまで深刻な影響をもたらすものであるから、今さえ良ければいいという発想も許されるものではない。

したがって、温暖化問題の解決のためには、従来不足していた広域的かつ長期的な視野からものごとを考えることが必要であり、日本はその先頭に立つ国となるべきだ。そのためには、我が国の持つ優れた環境技術の中から温暖化対策に効果的なものを積極的に世界に発信したり、開発ではなく環境保護の面から途上国を援助したりすることが有効だと考える。(554字)

解説 【序論】は「事例を挙げる→問いを立てる」というかたち、【結論】は、「主張の中心（大きな方向性）→補足する内容（より詳細な対策）」というかたちで展開している。【本論】と【結論】の対応関係がきちんと成立していることも確認しておこう。

32 賛否を利用できる場合とは？

▶問題は本冊p.079

解答例 ①「医師不足を早急に解消すべき」と述べた新聞の社説…利用できる

医師不足の現状を報じた新聞記事…利用できない

地球温暖化…利用できない

地球温暖化に対する政府の取り組み…利用できる

代理出産…利用できる

未成年者の飲酒や喫煙…利用できない

解説 本冊078ページ「『賛否をベースに論ずる』パターンが利用できるのはどんなとき？」の解説を参考にすると、以下のように分類できる。

・医師不足に関する社説＝「何らかの意見が述べられた文章」→利用できる
・医師不足を報じた新聞記事＝「ただ事実を記しているだけの文章」→利用できない
・地球温暖化＝「社会で起こっている事件」→利用できない
・地球温暖化に対する政府の取り組み＝「世論や政策」→利用できる
・代理出産＝「賛否が分かれるようなこと」→利用できる

・未成年者の飲酒や喫煙＝「賛否が明らかなこと」→利用できない

解答例 ②「医師不足を早急に解消すべき」と述べた新聞の社説→賛成（医療の質が向上するから）
地球温暖化に対する政府の取り組み→反対（効果が期待できないから）
代理出産→賛成（子を持ちたいと願う夫婦の最後の頼みの綱だから）

解説 解答例の（ ）内に理由の例を示した。賛成・反対どちらの立場をとるかは自由であるし、その理由として述べることも筋が通っていればよい。

33 賛成の立場をとるときの展開

▶問題は本冊p.081

解答例 ①・家庭や学校など、産業部門以外での温室効果ガス削減を行うべきだ。
・太陽光発電などクリーンエネルギーへの転換を進めるべきだ。

解説 政府の温室効果ガス削減目標は、数値のみで具体策を伴っていないので、具体策を示すことで発展的な方向を打ち出すことを考えてみる。

解答例 ②・産業部門からの温室効果ガス排出量は減少傾向であるが、それ以外の部門での排出量が増加している。
・原発再稼働に関しては賛否が対立しており、社会的合意への道のりが険しい。

解説 ①で挙げた２つの項目のそれぞれに対応する根拠の例を示した。①・②ともに、解答例以外の内容についても考えてみよう。

34 反対の立場をとるときの展開

▶問題は本冊p.083

解答例 ①どこが悪いか…給付額を減額する。
なぜ悪いか…・生存権が保障されなくなる。
・弱者切り捨ての政策である。
・貧困問題が悪化する。

解説 「なぜ悪いか」に関しては、「これを書けばよい」という明確な正解は存在しない。論ずる上での切り口はいろいろあるので、他のものについても考えてみよう。

解答例 ②不正受給をなくしたり、就労支援を拡充したりすることで、本当に生活保護を必要とする人にはきちんと支援が行き渡るようにすべきだ。

解説 「生活保護の給付額を減額するのではなく、（それに代わって）○○すべきだ」と言えるような内容が「代案」として適切な内容である。

第６章 復習問題

▶問題は本冊p.084

解答例 1 反対
2 【本論】・「スマホ依存症」による勉学や生活への悪影響について新聞記事で読んだ
・対人コミュニケーションの能力が低下してしまう
【結論】小学生のうちは対人コミュニケーションの能力を高めるべき。

私たち高校生の間では、携帯電話やスマートフォンは、持っていない人はいないと言ってよいほどに普及している。通学で使う電車の中で、スマートフォンでゲームを楽しんでいる小学生の姿を目にすることも多くなった。しかし私は、小学生が携帯電話やスマートフォンを持つことに反対である。
本来の携帯電話とは、必要なときに連絡を取るためのものだったはずである。ところが、携帯電話にメール機能やブラウザ機能が搭載され、スマートフォンのアプリでゲームが楽しめるようになる中で、それなしでは生きていけないかのような錯覚を抱くようになっている。ある調査では女子高生がスマートフォンの操作に費やす時間は１日６時間にもなるという。私たち高校生と比べて学校で過ごす時間の短い小学生たちは、その分だけスマートフォンに接する時間も長く、悪影響もより大きくなると考えられる。また、様々な面において成長過程にある小学生にとって、対人関係を円滑にするためのコミュニケーション能力を高めることはとても重要である。その意味でも、メールやＳＮＳを使ってのコミュニケーションに頼ってしまうことは望ましくない。
したがって、携帯電話・スマートフォンが小学生の生活の一部になってしまうような状態は避けなければならない。小学生のうちはそういうものに頼らず、対人コミュニケーションの能力を向上させることの方が重要である。(578字)

解説 解答例は「反対」の立場からのものであるが、「賛成」の立場からの展開についても考えてみよう。

入試レベルにチャレンジ①

▶問題は本冊p.086

※本書や解説中で何度も確認してきたように、小論文には「決められた１つの正解」は存在しない。ここに紹介した解答例が唯一絶対のものではなく、他にも様々な展開や意見の可能性があることに気をつけながら、「自分なりの主張」を「小論文として評価されるかたちで」書けるようにしていくことが、受験本番に向けてのポイントである。

解答例

　電車内で大音量で音楽を聴いている人がいる。イヤホンから音が漏れることによって周囲の乗客に迷惑をかけたり、場合によっては乗客どうしの車内トラブルに発展したりすることもある。このような問題にどう対処していけばよいだろうか。

　マナー違反者の頭の中では、好きな音楽を聴きながら自分が心地よく過ごすことが最優先であり、周囲にいる他の乗客の迷惑のことはお構いなしになっている。マナーとは他者に配慮して振る舞うことであり、その前提は他者の存在を意識することである。マナー違反者は他者への意識が希薄であり、公共の場にいるときでも自分の部屋で過ごすかのような感覚で行動するため、他者に配慮した行動が取れないのだ。本来ならこのような生活の基本は、幼少期に家庭や学校など、子どもが暮らす環境の中で習得するものだ。しかし、社会全体のマナー意識が低下する中で、子育てをする親世代そのものが規範意識を失っている可能性が高く、子どもがそのようなことを学ぶ機会が奪われてしまっている。

　したがって、子どもたちが集団生活を送る学校において、成長の段階に応じた社会生活のマナーを指導できるようにすることが必要である。社会生活の基本となる意識や行動パターンを、大人になってから修正することは困難である。家庭での指導力に期待ができない状況下であるからこそ、マナー問題における学校教育の果たす役割は重要なのである。

解説

「小論文・答案作成までのフローチャート」（→本冊p.030）、「合格答案作成へのアプローチ」（→本冊p.088）に従って考えていく。

ステップ 1 論ずるテーマや論の方向性を決定する

●資料内容の把握・まとめ→設問で示されたテーマの確認
…この設問では資料がないため不要である。

●テーマの絞り込み
…この例では、「マナー　→　電車内のマナー　→　イヤホンからの音漏れ」とテーマを絞り込んだ。

●論の方向性を決定
…「マナー」は社会全体の問題なので「社会問題を論ずるパターン」を利用する。

ステップ 2 答案の各部に書く内容を決定する

「社会問題を論ずるパターン」なので、「現状→問題点→対策」の流れで書く。

●【序論】「事例を挙げる→問いを立てる」
…事例としては「電車内で見かけた乗客」を挙げた。

●【本論】「問題点を究明する」
…解答例では

大音量で音楽を聴く乗客は、公共の場を自分の部屋のように考えている
↓
このような振る舞いは、周囲にいる他者への配慮が欠如している
↓
他者への配慮は、子どもが幼い頃から徐々に学んでいくものだ
↓
しかし、現在の社会では子どもにそれを十分に学ばせることができていない

という流れで、マナー違反をする個人の問題を、最終的には社会全体の問題へと深めていくかたちで展開した。

●【結論】「対策を提示する」
…本論のおわりで指摘した問題点と対応するかたちで、学校教育の場におけるマナー教育の必要性を対策として示した。

入試レベルにチャレンジ②

▶問題は本冊p.090

解答例

　筆者は、社会環境の変化で、我々の社会が待たない社会、待てない社会になったと主張している。私は高校2年生でテニス部の部長になったとき「待つ」という体験をした。私がまず直面した課題は、技術に長けていればよい、試合に勝ちさえすればよいという考えで、上下関係や部全体のまとまりといったことを軽視していた後輩たちの意識をどう変革するかということであった。私は同期の部員たちと相談した上で、部長や先輩といった上の立場から指示をすることではなく、先輩である私たちが行動で示すことで後輩の自覚を促そうとした。

　この体験を通じて私と同期たちは、ものごとを中長期的視点で考えることができるようになった。今までは「次の試合に向けて～」といった短期的視点しか持っていなかったが、その先にある「部のこれからをどうするか」という視点を持つことができるようになったのである。この点で、後輩の変化を「待つ」側の私たちは成長できたと言える。また、変化を「待たれる」側の後輩たちも、指示されたことをするだけでなく自らが考えて実行できるようになったという点で、立派に成長を遂げることができたと考える。

　以上のことから、「待つ」ことは、待つ側の人間を成長させるだけでなく、待たれる側の人間をも成長させると言える。私は、そのように人の成長を可能にする点が「待つ」ことの最大の意義であると考える。

解説

「小論文・答案作成までのフローチャート」(→本冊p.030)、「合格答案作成へのアプローチ」(→本冊p.094)に従って考えていく。

ステップ1 論ずるテーマや論の方向性を決定する

●資料内容の把握・まとめ→設問で示されたテーマの確認

…資料として与えられた文章（課題文）は、様々な事例を挙げながら、いまの社会を「待てない社会」「待たない社会」と評している。

…設問中に「『待つ』ということの意義について」とあるので、これが設問で示されたテーマであるとわかる。

●テーマの絞り込み

…設問中に「あなたの体験や見聞を交えて」とあるので、「『待つ』ということの意義」について主張したいことを考えた上で、それに関係する体験を考える。

●論の方向性を決定

…設問中に「あなたの体験や見聞を交えて」とあるので、「体験談をベースに論ずるパターン」を利用する。

ステップ2 答案の各部に書く内容を決定する

「体験談をベースに論ずるパターン」なので、「体験談→分析・考察→まとめ」の流れで書く。

●【序論】「資料をまとめる→体験談を挙げる」

…この問題は資料（課題文）を伴うものなので、体験談を挙げる前に、資料の内容に簡潔に言及する必要がある。

●【本論】「体験談への分析・考察を示す」

…最終的に「『待つ』ことは待つ側・待たれる側双方を成長させる」と主張したいので、それをうまく導くことのできるような内容を示した。

●【結論】「設問と対応するかたちの主張にまとめる」

…設問は「『待つ』ということの意義」を求めているので、分析・考察で示した内容を設問の要求に応えた表現でまとめた。

入試レベルにチャレンジ③

▶問題は本冊p.096

解答例

　資料から、夫婦別姓に対する賛否は年代や配偶者の有無によって異なり、既婚者や高年齢層ほど反対の割合が多いことが読み取れる。
私は夫婦別姓の導入には反対である。
　現在の日本では結婚した夫婦の95%ほどが夫の姓を選択しているという。夫婦別姓が導入されれば、元のままの姓を名乗ることができる女性にとっては、仕事を続ける上での不都合が減るなど、一定のメリットもあるだろう。しかし同時に、夫婦別姓を法的に容認してしまうと、子どもの姓を決める際のトラブルなどが発生することは容易に想像できる。諸外国では夫婦別姓の制度があるから我が国でも導入すべきだという意見もあるが、死刑制度を認める国もあれば認めない国もあるといったように、法制度はその国の歴史や宗教といった社会的・文化的環境によって異なって当然である。私が最も問題だと考えるのは、夫婦や親子の間でも姓が異なることによって、「家族」という集団の一体感が外形的だけでなく本質的に失われてしまうことである。
　したがって私は、戸籍上の夫婦別姓は認めるべきではないと考える。姓が変わることで職業上の不都合が発生するケースに対しては、職場において通称名を使用することを別途法的に認めるといった対策を講ずることで対処していくことが現実的である。

解説

「小論文·答案作成までのフローチャート」(→本冊p.030)、「合格答案作成へのアプローチ」(→本冊p.098)に従って考えていく。

ステップ 1 論ずるテーマや論の方向性を決定する

●資料内容の把握・まとめ→設問で示されたテーマの確認

…資料として与えられたグラフは、夫婦別姓への賛否について、「既婚者か未婚者か」と「年代」によって分けて集計している。未婚者より既婚者の方が反対が多く、年代が上がるほど反対が多くなることが、資料から読み取れる内容である。

…また、設問中に「夫婦別姓に対するあなたの賛否」とあるので、「夫婦別姓」がテーマであると確認できる。

●テーマの絞り込み

…この設問では「夫婦別姓に対するあなたの賛否と、その立場から考えたこと」とあるので、特にこれ以上のテーマの絞り込みは必要ない。

●論の方向性を決定

…設問に「あなたの賛否と、その立場から考えたこと」とあるので、「賛否をベースに論ずるパターン」を利用する。

ステップ2　答案の各部に書く内容を決定する

「賛否をベースに論ずるパターン」なので、「立場の表明→その立場からの論の展開」の流れで書く。

●【序論】「資料をまとめる→立場を表明する」

…解答例は「反対」の立場からのものを挙げた。

●【本論】【結論】

…「反対」の立場での立論なので「難点の指摘→代案の提示」という流れで展開した。

入試レベルにチャレンジ④

▶問題は本冊p.100

解答例

　かつて老人ホームでのボランティア活動に参加した際、ボランティアスタッフが高齢者に親切に接しすぎては逆効果だと施設の責任者から聞いた。過度の親切によって入居者の身体機能が低下して自活能力が衰えたり、施設のスタッフとボランティアスタッフの親切さを比較して前者を批判するような発言をしたりすることがあるというのがその理由であった。また、大きな自然災害の後の報道では、支援されることに慣れすぎてしまった被災者と、「困っている人を助けてあげている」という上からの目線の復興ボランティアスタッフの間でトラブルが生じたというニュースも何度か目にしたことがある。

　人間は社会的動物であるとよく言われる。社会の中で他者と関わりながら生きる我々は、生きる中で、他者を支え、また他者に支えられる存在である。その意味で、人が人を支援するというのは至極当然のことではある。けれども、相手の状況を顧慮しない支援でかえって迷惑を与えたり、弱者に対する一方的な善行であるという自己陶酔で支援が不遜な振る舞いになったりすることは間違っている。それは、支援することの本質について大きく誤解をしているのである。

　ボランティアとして老人ホームを訪れたときの私は、一見すると「支援する側」であった。しかし、顔見知りとなった高齢者と会話する中でそのとき抱えていた友人関係の悩みを解決するためのヒントをもらった私は、その高齢者に「支援される側」でもあったのだ。また、ある災害のときには被災地を支援する側だった人が、自分が被災したときには支援される側になるということもあり得るだろう。
　したがって、「人が人を支援するということ」は、上下関係でも一方通行でもない。それは人間の本性に根ざした、相互的な営みなのである。そのことを子どもが成長過程で理解できるよう、社会的に配慮していくことが大切だと私は考える。

解説

「小論文・答案作成までのフローチャート」（→本冊p.030）に従って考えていく。ただし、この問題は制限字数が800字であることと、細かい指定（制限）が設けられていることから、今まで学んできた展開パターンを組み合わせて用いる必要がある（そうすることが有効である）。

ステップ 1　論ずるテーマや論の方向性を決定する

●資料内容の把握・まとめ→設問で示されたテーマの確認
…この設問では資料がないため不要である。

●テーマの絞り込み
…「人が人を支援する」ことを論ずるための切り口として、解答例では「ボランティア」を選んだ。

●論の方向性を決定
…設問の指定に「経験の提示」「社会的事象の引用」とあるので、15「論の方向性を考える」（→本冊p.040）を参考に、「人が人を支援すること」を論ずるための切り口として選んだ「ボランティア」に関係のある、自分の体験や社会的事件を考える。解答例では、体験談として「老人ホームのボランティア活動」、社会的事件として「自然災害の被災者と復興ボランティアスタッフ」を挙げた。
…800字以内という長めの制限字数であり、設問では「今までのあなたの経験の提示」「社会的事象の引用」「支援することによって生じる矛盾の指摘」を含む、という複数の条件が与えられている。そこで、「体験談をベースに論ずるパターン」と「社会問題を論ずるパターン」を組み合わせて利用する。

ステップ 2　答案の各部に書く内容を決定する

●【序論】「体験談＆社会的事件を示す」
…これによって「今までのあなたの経験の提示」「社会的事象の引用」という条件が満たされる。また、これら2つの中に「支援することによって生じる矛盾」にあたる内容を入れることで、この条件も満たすことができる。

●【本論1】
…「社会問題を論ずるパターン」で本論に示すべき「問題点の究明」にあたる内容を「社会の中に、支援することについての誤解がある」といったかたちで示した。

●【本論2】
…「体験談をベースに論ずるパターン」で本論に示すべき「分析・考察」にあたる内容を「私は老人ホームの入居者を支える側でもあり、支えられる側でもあった」といったかたちで示した。また、同じことが「自然災害の被災者と復興ボランティアスタッフ」にも言えることも示した。

●【結論】
…「体験談をベースに論ずるパターン」で結論に示すべき「まとめ」にあたる内容と、「社会問題を論ずるパターン」で結論に示すべき「対策の提示」の内容をミックスして示した。

▶問題は本冊p.102

解答例

　人間の生活を守るために自然環境を守るべきという西洋の人間中心的な考えに対し、東洋的な考え方では自然のすべてのものに生命があると捉える。下線部の「こういう考えかた」とは後者の立場から自然と謙虚に向き合うということである。以上のことが課題文に述べられている。私は下線部に示された考えに賛成である。

　その最大の根拠として私が考えるのは、未来の世代への責務という点である。これまでの人類の発想は、きわめて近視眼的に人間生活を便利で快適にするというものであり、「持続可能な開発」「地球に優しい～」等の言い方も、結局はいわば「便利さ快適さの拡大再生産」を目指すものであった。けれども、現代の環境問題の諸様相が明らかにしているように、経済理論で拡大再生産に限界があるのと同様、我々の生活も便利さや快適さを無限に求めていくことはもはや不可能である。このままでは将来への「ツケ」があまりにも多くなってしまう。

　したがって、未来の世代のことを考える長期的視点から、現代の我々の生活も便利さや快適さという点では縮小均衡を目指すことが必要である。人間のために発達してきた高度なテクノロジーを、人間と自然の共生のために用いることが今後の課題だ。その際、技術立国であり東洋的な考え方がまだ残っている我が国が、環境先進国として世界のリーダーシップをとっていくべきだと私は考える。

解説

「小論文・答案作成までのフローチャート」（→本冊p.030）に従って考えていく。

ステップ 1　論ずるテーマや論の方向性を決定する

●資料内容の把握・まとめ→設問で示されたテーマの確認

…課題文では自然に対する西洋的な考え方と東洋的な考え方を対比的に取り上げているので、両者の違いを簡潔にまとめる。

…設問部（下線部）には「こういう考えかた」という指示語が含まれているので、その内容を明らかにする。

…設問中に「環境問題に提言できること」とあるので、「環境問題」がテーマであると確認できる。

●テーマの絞り込み

…この設問は環境問題の中から特定の問題を選んで論じるといった性質のものではないので、これ以上のテーマの絞り込みは必要ない。

●論の方向性を決定

…設問に「下線部に対して〜どう考えるか。自分の立場（賛成か、反対か、中立か）を明らかにし〜」とあるので、「賛否をベースに論ずるパターン」を利用する。

ステップ2 答案の各部に書く内容を決定する

「賛否をベースに論ずるパターン」なので、「立場の表明→その立場からの論の展開」の流れで書く。

●【序論】「資料をまとめる→立場を表明する」

…入試レベルにチャレンジ③では「反対」の立場からの解答例を紹介したので、この問題では「賛成」の立場からの解答例とした。

●【本論】【結論】

…「賛否をベースに論ずるパターン」をそのまま利用するならば、「賛成」の立場からの立論では「不足を補い発展的な内容を示す」という展開になるが、これでは設問の要求を十分に満たせない。設問中には「その立場をとる根拠とその立場から環境問題に提言できること」とあるので、3部構成の基本に従えば、【本論】で「その立場をとる根拠」を示し、【結論】に「その立場からの環境問題への提言」を述べる必要がある。